CONTREDICTS

Aux Erreurs popu-
leres de L. Ioubert, Medecin du Roi, où sont deduites plusieurs belles que-stions fort recreatiues, & profitables.

*

PAR DOMINIQVE
REVLIN MEDECIN
de Bourdeaux.

**

A MONTAVBAN,
De l'Imprimerie de Loïs Rabier.

1 5 8 0.

AV LECTEVR.

Les effects de Nature, ami Lecteur, se monstrent merueilleux
en toutes choses, et entre autres
en la diuersité d'opinions qu'on
voit cõmunement entre les persões.
Car iacoit qu'il n'y ait qu'vne verité
neanmoins le cõmique, et l'experiéce
mesmes nous enseigne qu'autant qu'il
y a d'hõmes, autant il y a d'auis et
d'opinions: pource que chacun iuge
des choses, selon sa raison et fantaisie,
et estime que son iugement et aduis
est la verité, ores qu'il soit different
de celuy des autres: et de là vient
la diuersité des opinions entre
les hõmes. Et combien que chacun
se plaist naturellement en la sienne,
et la prefere volontiers a celle des
autres, à tout le moins en choses qu'il
cuide entendre et sçauoir: touteffois
ceux qui sont dociles et credules se laissent
mener et persuader par la raison, cõme
tous hõmes, estans de leur nature raisonables,
doiuent faire. Au contraire, ceux qui sont
opiniatres et obstinés, maintienent et
defendent la leur, voire contre la

raiſon bien ſouuent. D'où procedent les al-
tercations, contradictions, & reprehenſions:
leſquelles les vns font par haine & maluueil-
lance: les autres par l'enuie & deſir qu'ils ont
de les faire: mais celles qui ſont par ces occaſions entrepriſes, ne ſont gueres trouuees bonnes ni louables. Il y en à qui les font par oſte-
tation & arrogance, ou ſans ſuffiſante occaſion: qui ſont auſſi peu eſtimees. Comme ſi
quelqu'vn vouloit refuter les raiſons que
Lucian amene pour loüer la mouche, combien
qu'elle ſemble meriter d'eſtre pluſtoſt vitu-
peree, de ce qu'elle n'eſt plaiſante, ni profita-
ble, ains deſplaiſante & dommageable aux
hommes: ou le diſcours qu'Ouide a fait de la
Puce: ou l'Apologie de Gorgias, & l'oraiſon
d'Iſocrate, ou ils loüent Helene, l'excuſent &
la purgent de ſes fautes paſſees: ou l'oraiſon
de Dion Philoſophe, par laquelle il loüe la
perruque & cheuelure: ou celle que Syneſius
a faite au contraire pour loüer la chauueté.
Car telles matieres ſont priſes & diſcourues
pour paſſetĕps, & ne mordĕt ni ne ruent, cõme
l'on dit: & pourtant s'amuſer à les reprendre
& refuter, ſeroit mal employer le temps.

Enco-

Encores, en y a il qui blasment ces deux
doctes personnages de nostre tēps (Vitus A-
merpachius, & M. A. Maioragius) de ce
qu'ils ont escrit contre les paradoxes de Ciceron, attendu qu'il declare au commencemēt
d'iceux les auoir faits en se ioüant, à l'exem-
ple de ce qu'il auoit ouy Caton disant son aduis au Senat, traitter souuent des lieux gra-
ues de la Philosophie, abhorrens de l'vsage
forense, & de la commune opinion : lesquels
neanmoins il coulouroit & embellissoit si bien
par ses raisons, qu'il les faisoit en fin trouuer
bons au penple. Ioint aussi que luy-mesmes se
mocque (en l'oraison pro L. Muræ. & au 4.
de Finib.) tāt de sesdits paradoxes, que d'autres semblables, que les Stoiciens ont mainte-
nus, & les refute : & pource disent que ceux
qui ont escrit contre ces paradoxes, ont voulu
reprimer l'ostentation de Ciceron par vne
autre ostentation. Comme quand Diogenes
foulant de ses piés la belle couche de Platon,
dit, Ie foule l'arrogāce de Platon: iceluy Platon luy respondit, Mais c'est par autre arrogance. Il est donc mal seant d'entreprendre
telles reprehensions, rien, ou peu profitables.

licence d'vſer de tous mots , qu'aux ſacrées
loix des Empereurs, & qu'à la ſainte eſcritu
re meſmes, & qu'il en a adiouté d'auantage:
i'ay eſté ſi fort incité & preſſé par le zele du
bien public, que apres luy auoir reſiſté cent
& autres cent fois, en fin m'a veincu, & con-
trainct de m'oppoſer pour l'intereſt public à
ce liure, & d'en eſcrire ſommairement mon
auis: afin d'obuier aux inconueniens que la
lecture d'icelui peut porter àla plus part des
hõmes qui ſe delectent de telles graſſes & fre-
tillantes matieres. Ce que ie feray d'autant
plus franchement, que ie m'aſſeure que l'Aucteur le prendra en bonne part: & ne trouuera pas mauuais que ie reprene amiablement,
& reiette par bonnes raiſons ce qui ſemblera
deuoir eſtre reietté. Il reſte donc , ami Lecteur, que tu voyes, s'il te plaiſt, nos pieces: &
les ayant bien veuës , que tu en iuges equi-
tablement: & à ces fins ie te preſente & de-
die ceſt opuſcule , te priant le receuoir hu-
mainement.

CON-

CONTREDICTS

aux Erreurs populeres du premier liure, touchant la Medecine, & les Medecins.

CHAP. I.

De l'intitulation de ceſt œuure.

VANT qu'entrer en la matiere, pource que pluſieurs pourroyent penſer que ce ſubiet fuſt, comme il ſemble, fort beau & excellẽt, il m'a ſemblé bon d'examiner en paſſant ſon intitulation, qui eſt en la premiere editiõ [Erreurs populeres au faiƈt de la Medecine, & regime de ſanté, corrigez:& en ceſte-ci,Erreurs populeres,& propos vulgaires,touchãt la Medecine, & le regime de ſanté, expliquez & refutez,&c.] Et quoy?trou-

B

ue il eſtrange que les propos du peuple concernans la Medecine, ſoyent er-
-reurs, voire qu'ils ſoyét friuoles & ineptes? On doit trouuer eſtrange ſi vn
marchant ne tient propos metables de
ſa trafique: ou vn bon laboureur de ſon
labourage: & ainſi des autres. Mais du
vulguere parlant de la Medecine, on
n'en doit pas attendre des axiomes ou
reſolutions certaines, veu qu'il n'y eſt
point versé, ains propos vains & abu-
ſifs: & gens de bon iugement les tienét
pour tels, & les laiſſent pour ce qu'ils
valent, cõme il deuoit faire, ce me ſemble, ſans mettre le temps à les expliquer
pour luy complaire, le faiſant aucteur
d'iceux: ou à les corriger ou refuter,
pour ſe monſtrer tel qu'il eſt, aſſauoir
bien docte, ſubtil, & ingenieux: c'eſt
toutefois le beau & digne ſujet pretendu de ceſt œuure. Mais ſans nous arreſter à l'apparence, voyons ſi ceſte intitulation ou inſcriptiõ (ſuppoſant ces
deux mots ſignifier meſme choſe) eſt
cõforme & correſpõdáte à iceluy. Pour
bien

bien iuger de cela, il faut ſçauoir que la
propre inſcriptiõ des liures eſt vne im-
poſition de certain titre & nom, qui eſt
telement pris du ſujet de l'œuure, qu'il
le repreſente & ſpecifie, & enſemble le
but de l'aucteur en icelui. En ceſte maniere les bons aucteurs ont faites les
propres intitulations de leurs œuures.
Ie péſoye qu'à leur imitatiõ noſtre aucteur en euſt ainſi vsé: & par ce cuidant
que le ſujet & matiere de ſon œuure ne
fuſt que certaines erreurs du peuple,
cõme ſon inſcription portoit, ie ſi mes
vers ſur icelle, leſquels n'ay peu deſpuis
retirer. Mais qui voudra biẽ examiner
le tout, comme i'ay deſpuis fait, il trouuera des Mélanges, & non matieres
qui puiſſent proprement eſtre dites erreurs populeres. Parquoy ceſte intitulation ne ſemble point conforme à ceſte œuure.

CHAP. II.

Du 1. & 2. chapitres

Laiſſant à part les longues entrees de

ce volume, qui voudra venir au clos d'i-
celuy, cuidera que l'aucteur se soit du
premier coup oublié de son sujet. Car
au lieu d'en parler, il propose tout au
commencement les louanges de la medecine : & consequemment traitte des
Medecins. Il dira qu'il a declairé en
ceste edition que ces louanges sont côtre ceux qui ont la Medecine à vil prix:
mais il n'y a personne de bon entende-
ment qui vilipende la Medecine, ni les
Medecins : & ne se faut point soucier
des autres, qui ne peuuent compren-
dre, à cause de la rudesse & imbecillité
de leur esprit, l'vsage, excellence, &
commoditez de cest art, non plus que
des autres liberaux : & pource n'est pas
merueilles s'ils n'en tiennent conte, sinon entant que la necessité les y contraint. Pourtant, quiconque se trauaille de les leur faire trouuer bôs & louables, perd son temps, comme celuy qui
laue la teste à l'asne pour l'embellir,
perd sa lexiue, comme lon dit. Mais
quant aux gens d'esprit, il n'en y a gueres

res aucun qui ne sçache que l'art de la
Medecine est le plus vtile & necessaire
au genre humain: & que les Princes &
grands Seigneurs se sont ancienement
fort addonnez à icelui, & mesmement
les Arabes: non pas pour l'exercer enuers les autres, commé nous faisons:
ains seulemét pour s'en preualoir eux-
mesmes, & se maintenir en bonne santé par la doctrine & preceptes d'icelui.
Ils ne mesuroyent pas tant les gran-
deurs & dignitez par les biens terriés,
comme lon fait en ce temps, que par le
sçauoir, & singulierement par l'intelligence de l'Astronomie, & de la Medecine : tellement que celuy qui estoit
mieux versé, estoit estimé plus grand
seigneur. Ils sçauoyent que ce grand
bien de se connoistre soy-mesme (que
les Philosophes ont tant prisé & récó-
mandé) s'acquerroit par la Medecine,
qui enseigne la composition, nature, &
códition du corps humain, & les moyés
de le conduire & gouuerner exempt de
maladies, & indispositions de corps, &

d'esprit, iusques au dernier periode de sa vie *Le Medecin est bien nōmé par Home / le parengon des homes.*

La queſtion qu'il propoſe au 2. chapitre, depend des louanges de la Medecine, & ne conuient pas mieux à ſon ſujet: Car gens de bon iugement connoiſſent bien la vie eſtre prológee aux hommes par l'art de la Medecine, & meſme les idiots aſſez ſouuent, & principalemēt quand ils voyent quelqu'vn tellemēt bleſsé, qu'il perdroit ſon ſang, & mourroit bien toſt, ſi on ne l'eſtanchoit, & pançoit deuëment la playe. Pourtant ne peut eſtre dite Erreur populaire.

CHAP. III.

Du 3. 4. & 10. chap.

AV 3. & 10. chapitre, il entreprend de decharger les Medecins des calomnies & meſdiſances du peuple. Ce qui ſemble eſtre impoſſible de faire, veu les occaſions que pluſieurs ſoy diſans Medecins, en baillent iournellement:

ment: lefquels par vanteries, babil, &
flatteries feduifent le peuple indifcret
& mal auisé, & font qu'il les prefere
aux plus doctes & experts Medecins:
iufques à ce qu'il a plufieurs fois ap-
perçeu, & à fon grand dommage experimenté leurs fraudes & impoftures: &
lors il les décrie & detefte, & enfemble
à caufe d'eux, les bons Medecins, pource qu'il ne les peut difcerner entre les
autres, qui font ordinairemét en beaucoup plus grand nombre. Ce qui a có-
traint les plus doctes, de tout temps
d'efcrire & faire des inuectiues contre
tels pipeurs: entre autres, Hippocrate
en plufieurs lieux, qui en fin conclud
qu'il y a beaucoup de Medecins de
nom: mais de faict fort peu.

Quant à la fimilitude qu'il met entre
la Medecine, & l'art militaire, il y en
peut bien auoir en quelques endroits:
mais en quelques points il y a fort grá-
de diffimilitude, & entre autres en ce
que les Medecins vaquent à la confer-
uation de tous hommes & en general,

& en particulier : La plufpart des foul-
dats au contraire, & mefmement en
noftre miferable & malheureux fiecle,
defpouïllent leur nature humaine, entant qu'en eux eft, pour en veftir vne
plus farouche & fauuage que celle des
plus felonnes & cruelles beftes, pour a-
pres employer toutes leurs rufes, malice, & force à la ruine des corps, & des
biés de leurs prochains, & freres Chre-
ftiens. Ie laiffe tous leurs beaux pre-
textes à part, & bonnes intentions, s'il
y en a, & le iugement de tout cela à qui
il appartient : tant y a que qui me fera
trouuer bons leurs actes, fera meilleur
orateur, que n'ont efte Demofthene, ni
Ciceron.

Au 4. chapitre il combat côtre quelques defpourueus de bon fens & en-
tendement, qui ne fe veulent point aider des Medecins en leurs maladies:
mais c'eft en vain qu'il s'attaque à eux,
& s'efforce de faire boire par force les
beftes qui n'ont point de foif. Il deuoit
confiderer que ceux qui font ainfi ob-
ftinez

ſinez & endurcis en quelque opinion,
ſont incorrigibles, comme dit fort bię
Quintilien, & partant qu'il les faut
laiſſer pour tels qu'ils ſont: car la Medecine n'eſt pas pour telles gens qui la
reiettent.

CHAP. IIII.

Du 5.6.7.8. & 9. chap.

LE 5. chapitre n'eſt qu'yne longuę
reproche de l'ingratitude des malades enuers leurs Medecins: & tou
tefois il maintiendra encores que c'eſt
erreur populere en la Medecine, par ce
que le peuple ne connoiſſant point la
valeur & merite des Medecins, les païe
mal. Mais eſt-ce en l'endroit d'eux que
cela aduient ſeulement, & non des autres? On voit aſſez qu'en tous affaires
& negotiations y a communement de
l'ingratitude en tous hommes, ou de
faiċt ou de penſee. Car le plus ſouuent
chacun priſe beaucoup ſon labeur &
induſtrie, & accuſe d'ingratitude ceux

lefquels ne le payent felon fon eftima-
tion. Au contraire, ceux qui doyuent
payer, prifent le trauail des autres en
leur endroit, & le taxent felon leur iugement & difcretion:& voila d'où viēt
le mefcontentement & les reproches
d'ingratitude entre les hommes. S'il y
en a eu quelques vns qui fe foyent mō-
ftrez ingrats en fon endroit, il leur peut
remonftrer particulierement, fans le
reprocher generalement à tout le peuple fans occafion. S'il dit qu'il le fait
pour tous les Medecins en gēneral, il y
a danger qu'il foit defauoüé de plufieurs d'entre eux.

Au fixieme chapitre continuant fes
reproches d'ingratitude, veut garder le
peuple de iuger & des Medecins, & de
leurs remedes, felon l'euenement qu'il
en voit, ou qu'il en cuide voir. Car
quand on a vfé de plufieurs remedes,
par lefquels en fin l'effet pretendu s'en
eft enfuyui, il n'eft pas aifé de iuger, &
mefmement au peuple, auquel doit on
attribuer ceft effet. Mais il fe trauaille
en vain,

en vain, voulant captiuer le iugement des hommes à sa fantaisie, veu qu'ils sont en liberté de iuger des choses selon leur opinion.

Le 9. chapitre est vne continuation de semblable matiere.

Au 7. chapitre il dit, qu'on iuge sinistrement du deuoir des Medecins, quãd quelqu'vn meurt d'vn mal, dont quelques autres sont guaris : & s'efforce de le prouuer. Mais ce cas deuoit estre mieux distingué : car il y a plusieurs causes de la conualescence & de la mort d'vn malade, outre sa propre maladie. Entre autres, le Medecin d'iceluy, lequel s'il ne connoit point la maladie, ni par consequent la curation d'icelle, il cause maintefois la mort : & n'est pas dit sans cause qu'on se doit plus craindre du Medecin, que de la maladie : car tels Medecins de nom rendent les maladies, qui d'elles-mesmes sont faciles à guarir, difficiles : les courtes, longues : & les curables, incurables. Ce que ne fait celuy qui est bien versé & expert

C ij

en la Medecine : & pourtant ayant biē
fait son deuoir, on ne luy doit imputer
la mort. En apres le malade mesme, s'il
n'ensuit le conseil du Medecin, peut e-
stre cause de sa mort : & pareillement
ceux qui le seruent & gouuernent, s'ils
ne font ce qui est requis en cēt endroit
Les causes externes d'alentour dudict
malade peuuent aussi estre si incommo
des, qu'elles causeront la mort d'icelui.
Voila pourquoy Hippocratē (en l'Aph.
1.du 1.liu.) nous aduertit qu'il ne suf-
fit pas que le Medecin face son deuoir
pour guarir le patient, si luy-mesme, &
ceux qui le seruent, ne le font, & si auec
tout cela, les choses externes ne font
accōmodees & appropriees à ces fins.

Au 8. chapitre reprēd ceux qui mesprisent les Medecins, pour auoir iugé
du mal autrement qu'il n'est aduenu : &
ceux qui veulent mal de mort au Medecin qui aura iugé leur maladie mortel-
le : Et si c'est mal fait au Medecin d'a-
bandonner le malade qu'il iuge deuoir
mourir. Quant au premier point, il excuse

cuſe les Medecins ſur l'obſcurité des
cauſes, & la varieté des naturels des
hommes : & ſur pluſieurs occurrences,
à raiſon deſquelles remonſtre qu'on ne
doit vouloir mal aux Medecins, pour a-
uoir mal iugé de l'euenement de la
maladie. Mals vn docte & expert Medecin ne ſe trompe gueres en ſon pro-
gnoſtic, comme font les ignorans &
temeraires, leſquels ſemble qu'il vueille excuſer.

Touchant le dernier point, il eſt d'a-
uis qu'on n'abandonne iamais le malade pour quelque accident qui ſuruie-
ne, iuſques à l'extremité. Aëce nous enſeigne que c'eſt vn acte fort humain,
& ſigne de grande charité pourſuyure
la curation des maladies, voire extre-
mes, iuſques à ce qu'on aura veu & experimenté qu'elles ſont du tout incurables : & en ce point le deuoir & hone-
ſteté du Medecin requiert qu'il laiſſe
ſon patient à ceux qui doiuent vaquer
pour le ſalut de ſon ame.

C iij

CHAP. V.

De l'11. & 12. chapitre.

EN l'onzieme chapitre il pretend monſtrer qu'il y a plus de Medecins, que d'autre ſorte de gens, par la preuue qu'il recite en auoir eſte faite par Gonelle, bouffon d'vn ſieur Duc de Ferrare: lequel faiſant ſemblât d'auoir grand mal de dens, ſe pourmenant par la ville en ſe plaignant, trouua grand nombre de gens, qui luy enſeignarent beaucoup de remedes cõtre ſa douleur. Ne voila pas vne belle erreur populere? Le mal de dens eſt vne maladie frequente entre le menu peuple, pour laquelle neantmoins ces bonnes gens ne employent gueres les Medecins: car ou ils font arracher leur dent douloureuſe, ou vſent de quelques remedes qu'ils ont apprins, ou experimenté, ou cuidét eſtre bons, leſquels ils enſeignent volontiers les vns aux autres. Mais ſont-ils pour cela Medecins? Voila commét il conclud pertinemment, & par le teſ-

moi-

moignage d'vn mettable personnage,
& contre l'auctorité & tesmoignage
d'Hippocrate, Galen, & d'autres excel-
lens Medecins, qui nous aduertissent
que la plus part de ceux qui se disent
Medecins, ne le sont point, ains plustost imposteurs, & qu'il y a fort peu de
Medecins.

Au 12. chapitre enseigne qu'il n'est
pas bon aux malades d'auoir plusieurs
Medecins d'ordinaire en leurs maladies. Ce qui est bien absurde. Car plusieurs presupposez aptes, voyent plus
qu'vn : & chacun est plus soigneux de
recercher les causes, & remedes de la
maladie estāt en compaignie d'autres,
que ne seroit s'il estoit seul, tant par la
naturele emulation qu'on a, que par ce
qu'en opinant ordinairement les vns
en presence des autres, chacun s'efforce se monstrer n'estre moindre que ses
compaignons, tellement qu'ils font à
qui mieux opinera. Les incommoditez
qu'il allegue cōtre la pluralité des Medecins, ne sont pas suffisantes, tāt à cau-

se qu'elles n'auienent gueres, que pour
ce qu'on en peut choisir, & prendre
ceux desquels on s'asseure.

CHAP. VI.

Des autres chapitres du premier liure.

AV 13. chapitre refute la plainte
des malades sur la courte visite des
Medecins, de laquelle les excuse.
Mais il eust mieux fait de supposer cha
cun Medecin estre suffisant pour s'ex-
cuser soy-mesme, quand, & où il seroit
besoin.

Le 14. chapitre blasme ceux qui veulent bien auoir conseil des Medecins,
mais ne le suyuent point. Le Medecin
ne les peut point contraindre à cela,
toutefois il les y doit bien inciter, leur
remonstrant & predisant les inconueniens qui leur peuuent aduenir à faute
de suyure le conseil qu'il leur donne. Et
ce faisant, il en est quitte, car chacun
est pour ce regard en sa liberté.

Le 16. chapitre est contre ceux qui
croyent

tout au Medecin, fors en la quantité des viures. En iceluy remonstre amplement l'outrecuidance & obstination des femmes en la nourriture qu'elles font prendre excessiuement aux malades, côtre l'auis & au deceu des Medecins, & les maux & dangers qui prouienent de cela. Quelques malades faillent bien en cela, & non pas tous. Les femmes qui commettent telles fautes, doiuent estre asprement reprinses, voire punies de leur outrecuidance, selon les inconueniens & dangers, qu'elles auront causé par leur temerité. Au surplus, ceci n'est pas erreur populere, ains plustost opiniastreté de quelques vns, qui se flattans par trop en leur volupté & delices, se gastent bien souuét.

Au 17. chapitre reprend ceux qui ne veulent auoir remedes, sinon contre leurs douleurs seulement. Voici vne subtile inuention. Vn malade doit-il attendre autre chose du Medecin? Luy oster ses douleurs, n'est-ce pas oster les causes qui produisent tels effets, & par

D

consequent le guarir? car tandis que la cause demeure, elle produit ses effets; & icelle ostee, ses effets cessent. Et ores que les douleurs ostees, il restast quelque indisposition (ce qui n'auient si on prend le nom de douleur en son entiere signification) ni en la paralysie qu'il allegue, ni en autre, en quoy peut-elle vexer, s'il n'y a sentiment de douleur & fascherie? Quant aux anodyns & stupefactifs, ils mitigent bien & diminuét la douleur: mais ne l'ostent pas tellement qu'il n'en demeure.

Le 18. chapitre est totalement superflu. Car l'Euangile mesme nous enseigne assez que les sains n'ont pas besoin de Medecin, si ce n'est de leur conseil pour l'entretenemét de leur santé.

Au 19. chapitre est d'auis que ceux qui sçauent quelque peu de la Medecine, sont plus mal aupres des malades que ceux qui ne sauent rien du tout. Ce qui semble bien absurde. car ce peu peut auoir grâde latitude, tellemét q̃ si on le compare auec le superlatif sauoir d'Hip-

d'Hippocrate, ou de Galen, il pourra e-
stre plus grand que n'est celuy de la
plus part des Medecins de ce temps, &
singulierement qui ont acquis la vo-
gue par leurs ruses, vâteries & fraudes,
& non par intelligence & experience
de l'art, qui sont en grād nombre. D'a-
uantage, celuy qui sçait quelque peu
de la Medecine, peut aider les malades
de ce peu, estant bien aduerti par le
Medecin docte de n'entreprendre aucune chose en l'endroit des malades
outre son sçauoir, ou ce qu'il luy aura
este prescrit. Et celuy qui n'en sçait
rien du tout, pourquoy sera-il mieux
aupres d'eux? Car outre ce qu'il ne les
peut aider d'aucune chose qu'il sçache, il peut aussi bien entreprendre de
faire à leur preiudice, comme ceux qui
en sçauēt quelque peu: veu que chacun
naturellement presume trop de soy.

Le 20. chapitre, est de l'ingratitude
des malades enuers leurs appoticaires:
& d'où vient qu'ils sont le plus souuent
mal payez. Il exalte fort leur seruice, &

le besoin qu’on a d’eux, & de leurs me-
dicamens : reprend & deteste ceux qui
ne les payent liberalement. En apres,
blasme l’outrecuidance & presomption
desdits apoticaires, qui contrefont les
Medecins , & n’executent fidellement
les ordonances: ains au lieu de s’attendre à cela, s’en vont çà & là visiter leurs
malades , & commettent ceste charge,
qui est la principale de leur art, & la
plus dāgereuse, aux seruiteurs, desquels
on ne se peut point asseurer, cōme l’on
feroit d’eux. Chacun peut voir que cela est erreur de quelques apoticaires,
ou plustost malice, & non populere. Et
quant à leur payement, on les paye raisonnablement & liberalemēt, & se gar-
dent bien de bailler leurs marchandi-
ses à ceux qu’ils estiment mauuais pay-
eurs, comme ils doiuent faire: car sans
cela, leur cabal seroit tost fricassé.

Que n’a-il mis en mesme rang les
Chirurgiens ? Il les deuoit plustost de-
ferer : car ils s’ingerent fort souuent à
faire l’office de Medecin & d’apoticai-
re. Et

re. Et comme les Singes contrefont ce qu'ils voyent faire. Ainſi la plus part des Chirurgiens, & des Apoticaires, voire de leurs ſeruiteurs, contrefont au dommage des mal ſages, qui ſe fient en eux, plus que leur profeſſion ne porte, & ne s'eſtend, tout ce qu'ils voyent faire aux Medecins en l'endroit des malades.

CONTREDJCTS

aux Erreurs populeres du ſecond liure, touchant l'aƈte Venerien, conception, & generation.

CHAP. I.

Sommaire de ce 2.liure.

CES erreurs pretendues populeres ſont quaſi toutes ſut le fait & myſtere des femmes. En ce liure il enseigne aux hommes la maniere d'habiter auec les femmes, pour leur faire porter des enfans. Et premierement en quelle disposition, aage, & condition elles doiuent estre : en apres, à quelles heures, & comment faut labourer le champ de nature, & lui faire porter des masles, ou des femelles : puis apres, quels hommes sont plus, ou moins aptes à tel labourage. Ne sont-ce pas de belles erreurs populeres? ne sont ce pas de beaux discours philosophiques & morals, & bien propres pour estre proposez au peuple indiscret? N'est ce pas accuser tacitement nature de n'auoir esté si benefique & liberale enuers les hommes, qui sont ses creatures raisonnables & plus parfaites, qu'enuers les autres animaux, à chacun desquels elle a enseigné & donné sa saison & maniere de s'employer à ce labourage, pour la procreation de son semblable, & à tous autres actes ausquels elle l'a destiné? Tous les docteurs du monde ne l'eussent sçeu, & ne sçauroyent encore le fai-

le faire si bien qu'elle, qui dispose, con-
duit, & gouuerne chacun d'iceux par sa
sagesse admirable & incomprehensible
aux hommes. C'est donc d'elle, & par
elle que tous animaux en general sçauent, & chacun d'iceux en son endroit,
ce labourage, sans qu'il soit mestier
qu'autre docteur s'entremesle de cela,
ou qui se puisse preferer pour ce regard, ou égaler à ceste sage & preuoyã-
te mere. Hippocrate luy a bien donné
ceste louange, entre autres, que côbien
qu'elle n'ait este endoctrinee d'aucun,
neanmoins elle monstre aux experts &
bien entendus Medecins ce qu'est question de faire. Ciceron aussi l'a bien
tant estimee, qu'il a dit que si nous la
prenons pour nostre guide & condui-
te, & la suyuons, ne nous fouruoyerons
iamais.

CHAP. II.

Du 1. & 2. chapitre.

LES deux premiers chapitres de ce li-

ure contiennent ceste question, Assa-
uoir-mõ si les femmes, & les filles peuuent conceuoir sans auoir eu leurs mé-
strues, qu'il appelle fleurs, à la mode du
vulgaire, pour se dõner plus ample matiere & propre à son dessein. En fin, il
conclud, tant par quelque rapport in-
certain, qu'il recite, que par vne sup-
position qui ne semble auoir apparence, que les filles à neuf ou dix ans , & a-
uant leur puberté, & les nourrices, sans
auoir eu leurs menstrues, peuuent conceuoir:& s'efforce de le prouuer par vn
ou deux tesmoignages. Si cela est aue-
nu, ou peut auenir quelquefois (ce que
toutefois n'est gueres vray-semblable)
d'vne chose rare faut-il faire vne regle,
& la diuulguer comme certaine & ordinaire?Ne dit-on pas qu'vne arondele
ne fait pas le Printemps ? Ce fut este
mieux fait de n'auoir proposé ceste
questiõ au peuple:pource qu'elle peut
inciter les mal-auisez (le nombre desquels est touiours plus grand, que des
bien-auisez) à se desborder en lasciue-
té:&

té:& la ieuneſſe de ſe haſter à ſe marier & s'adonner de bonne heure au ſeruice de Venus:& en icelui s'affoiblır,& em-peſcher ſa croiſſance naturelle , em-ployans enſemble leur force .& ſuſtan-ce à engendrer des pigmees , ou hom-meaux , & creatures effeminees , & de petite duree : & en fin à ſe rendre eux-meſmes inualides, & inutiles. Voila vne doctrine bien ſeante,& fort profita-ble au peuple,& digne d'eſtre tolleree, & biẽ receuë des muguets, & de la ieu-neſſe, qui n'eſt pas en ce temps aſſez desbordee d'elle-meſme. Telles choſes ſe peuuent bien diſputer aux eſcholes: mais ne doiuent pas eſtre propoſees au vulgaire mal-ſage.

CHAP. III.

Du 3.4.5.6, & 7. chap.

AV 3.chapitre y a deux queſtiõs:L'v-ne eſt,aſſauoirmon ſi les tachcs que les enfans portent de leur naiſſance, ſont de la cõception, qui eſt vne curio-

ſité enuers le peuple , pluſtoſt qu'vtilité. Quant à l'autre queſtion, Si les femmes durant leurs menſtrues peuuent
conceuoir : il n'eſt pas croyable qu'aucun, pendant icelles, ſoit ſi ſalle & laſcif
d'auoir affaire auec elles : & pource, ces
queſtions ne doiuent pas eſtre propoſees, & moins dites erreurs populeres.

Le 4. & 5. chapitres contienent des
choſes, qui ne valent pas la peine d'en
parler, & moins de s'y arreſter.

Le 6. eſt des effets des plus ou moins
frequens actes Veneriens. Ce qui n'en
n'eſtoit pas beſoin de diuulguer, & s'y
amuſer, remettant cela à la prudence
des hommes : veu que chacun peut con-
noiſtre & experimenter en ſoy , mieux
que les autres, ce qui lui eſt bõ ou mauuais touchant ceſt acte naturel.

Au 7. chapitre preſcrit l'heure commode des actes Veneriens, apres le dormir. Mais il y a controuerſe ſur icelle
entre les Medecins. Car les vns diſent
que c'eſt apres le premier ſommeil : les
autres apres ſouper auant dormir : &
cha-

chacun a ſes raiſons vray-ſemblables.
Quant à moy, il me ſemble, qu'il ne s'en
peut guere bailler reigle generale, veu
la grande diuerſité des complexions,
aages, façons de viure, & des couſtu-
mes des hommes, & des temps, & regions: & de l'inegalité des iours, & des
nuits. Car aux longs iours, quand on
ſoupe de bonne heure, & s'en va ebatre
aprer ſouper, la concoction des viãdes
en l'eſtomach peut bien eſtre faite a-
uant qu'on s'en aille dormir. Pourtant
il ſemble que lors l'heure commode à
ces actes, eſt apres qu'on eſt couché, a-
uant ſe mettre à dormir, & aux iours
courts, & nuits longues au contraire.
Mais le meilleur eſt, ſans eſtre tant ſu-
perſtitieux en ce faict, remettre ces
heures au naturel d'vn chacun: lequel
ſa ſage mere Nature conduira fort biẽ,
ſi on la laiſſe faire, ſans la tenter & pre-
cipiter, comme font les indiſcrets &
mal-auiſez. Car elle ſuſcite, pouſſe, &
s'efforce de contraindre tous animaux
d'exercer ces actes, lors qu'ils ſont ap-

E ij

tes à iceux, & ont grande quantité de
femence comme bouillonante &prefte
pour eftre employee à la generation de
leur femblable,& non autrement, fi on
ne s'y conuie foy-mefme , & fe prouo-
que,comme font les lafcifs & voluptu-
eux , & non pas ceux qui font foigneux
de leur fanté. Parquoy il feroit vtile à
ceux qui font par trop addonnez à ces
actes, de prendre femme qui ne fuft
gueres belle:afin qu'elle leur feruift côme d'vn contrepoix pour reprimer leur
ardeur Veneriene, & la reduire à quelque mediocrité: & encores ne coucher
gueres fouuent auec elle. Car où l'on
eft plus loing du feu, on s'efchauffe
moins , & la commodité fait maintefois faillir.

Il faudroit auffi fuïr & reietter toutes apprehenfions & imaginations de
telles chofes : car il n'eft pas dit fans
caufe que l'imagination fait le cas. Or
telles imaginations & apprehenfions
viennent tant par le regard,baifers,at-
touchemens,frequentations,& priuau-
tez des

tez des belles femmes, & par l'ouïe des
propos lascifs, que par l'vsage des bonnes viandes, & par oisiueté nourrice de
tous vices. Ils doiuent donc euiter toutes ces choses.

CHAP. IIII.

Du 8. chapitre.

AV 8. chapitre pour auoir plus ample
matiere de discourir sur ladite
heure, qu'il estime estre conuenable aux actes veneriens, il se forge vn
commun dire, qu'vne heure plustost ou
plus tard fait qu'on engendre fils ou
fille: lequel dire il interprete de l'heure
qu'il a determinee au chapitre precedent, prenant pour fondement de sa
preuue, que tant plus que la semence
seiourne en ses vaisseaux, tant plus elle
est digeste, épesse, gluante, & pleine
d'esprits, & par consequent plus apte à
engendrer des masles. S'il est ainsi, que
ne l'a-il mieux prattiqué en son endroit? car les hommes desirent plus na-

turellement de faire des fils , que des
filles:neantmoins il a fait plus de filles,
que de fils , ainſi qu'il appert par le de-
nombrement qu'il en fait au 8. chap. de
ſon 4. liure , demonſtrant par là ou que
ce dire eſt faux (o correction) ou qu'il
n'enſuit pas le conſeil qu'il baille aux
autres. Que n'attendoit-il vne heure
plus tard pour faire des maſles: ou afin
de n'y faillir point , que n'attendoit-il
iuſques à la nuict ſuyuante, ou d'auantage pour auoir plus de ſemẽce, mieux
elaboree , & apte pour engendrer des
maſles? Si ſon opinion eſt veritable,qui
pourra retenir ſa ſemence vn ou deux
mois, il ſe peut aſſeurer d'en engendrer
apres pluſieurs maſles,ou parauenture
quelque geant , s'il s'y met vne heure
plus tard : car ſi c'eſtoit vne heure plus
toſt , pourroit eſtre vne geante. Que
quelqu'vn l'eſſaye , pour en ſçauoir la
verité. Les bons ſeruiteurs de Venus
ne le feront pas , craignans que la ſemence ne s'amaſſaſt,& s'accumulaſt en
ſi grande quantité,qu'en fin elle fiſt eſ-

clater

clater ou rompre leurs vaisseaux, comme il aduient quelquesfois aux veines
trop pleines de sang: ou que la matiere
qui est toute preste pour engédrer des
enfans, estant trop longuemét retenuë
n'induisist quelque imagination & son-
ge de quelque acte venerien en dor-
mant, par leql elle s'escoulast & perdist
parmi les draps: qui seroit côme perdre
inconsiderémét vne, ou plusieurs creatures. Ie ne côseille pas aussi à ceux qui
sont mariez, & acoustumez à ces actes,
de la garder si longuement: Car côbien
que ceste semence soit vn excrement
benin au corps, toutefois si elle est retenuë beaucoup plus que Nature ne
requiert, elle degenere, & se fait excrement malin & côme venimeux: & cause plusieurs inconueniens tant aux hô-
mes, qu'aux femmes: lesquelles à raison
de ce tôbent en suffocation de matrice.
Qu'on reiette doncq ceste opinion, &
que les mariez suyuent prudément leur
instinct naturel en cest endroit, ainsi
que dit a esté.

Au surplus, il a tort de n'auoir prié
en sa preface ceux qui ne sont mariez,
& ne le veulent point estre, de ne lire
cest œuure, à tout le moins ce 2. & 5.
liure. Ie sen fort bon gré à l'Imprimeur
de s'estre aduisé de ce poinct. Ie conseille à ceux-la qu'ils empeschent qu'en
leurs vaisseaux ne s'engendre & ne s'a-
masse quantité de seméce, qui les puisse chatouiller, & eguillonner à cest acte
charnel. Ce qu'ils feront en se nourris-
sant simplement & sobremenr de viandes communes, & non de friandes &
exquises, suyuant le Comique, qui dit
que sans Ceres & Bacchus, Venus est
froide: c'est à dire, que si on ne fait bô-
ne chere, & boit du meilleur, on ne sera
point eschauffé ni tenté à paillardise.
D'auantage, ils doiuent euiter toutes
les occasions qui les peuuent inciter à
icelle, côme il a este dit: & reietter constamment toutes imaginations, appre-
hensions, & tentations de tels actes, se
tenans pour resolus que s'ils resistent
quelque temps virilement & vertueu-
sement

Temét à ceste cócupiscence de la chair, qu'ils la maistriseront & subiugueront. Au contraire, s'ils sont si lasches & pusillanimes qu'ils se laissent vne fois gagner & veincre à icellé, que toute leur vie elle les tiendra subiets & esclaues, comme l'experience monstre, & Hippocrate mesme, disant que si quelqu'vn s'adonne aux actes Veneriens, les veines & autres vaisseaux spermatiques se dilatent, prouoquent & attirent plus grande abondance de semence, qui les fait succomber ausdicts actes. Qu'ils s'esuertuent donc de resister constamment. Et s'il est ainsi que les hommes naturellement desirent en autres choses de moindre consequence, d'estre libres & non serfs, maistres & nó valets: à plus forte raison ceux qui ne sont point mariez, & ceux aussi qui font profession de viure en chasteté se doiuent efforcer d'euiter ce vitupere de se laisser maistriser à leur propre chair, & qu'ils s'essayent de la macerer, & captiuer par les moyens predits.

F

Ie laiſſe les remedes de quelque
ſaints perſonnages: comme de S. Fran-
çois, qui ſe veautroit tout nud dans la
neige, pour eſteindre ceſte ardeur de la
chair. Ie laiſſe auſſi les menaces & ſen-
tences de damnation, que la ſainte Eſ-
criture prononce contre les paillars, &
adulteres, qui ſont aſſez ſuffiſantes d'el-
les meſmes, pour en deſtourner ceux
qui ont tel ſoin de ſauuer leurs ames,
qu'ils doiuent auoir.

CHAP. V.

Du 9. & 10. chapitre.

AV 9. chapitre s'efforce de prouuer
tant par ſuppoſitions, que par tel-
les quelles raiſons, que les vieil-
lards peuuent engendrer des maſles,
pour defendre (comme il dit) l'hõneur
des femmes mariees auec eux, & les ga-
rentir du mauuais ſoupeçõ qu'on peut
à raiſon de cela auoir d'elles. Mais ſi
Galen reprend en pluſieurs lieux Hip-
pocrate, Dioſcoride, & autres où ils ont
pro-

prononcé quelque chofe indiftincte-
ment : on peut auffi en ceft endroit re-
prendre noftre defendeur des femmes,
de ce qu'il n'a mieux diftingué les de-
grez de vieilleffe, fuyuant ledit Hippocrate, & Galen, (liu. 5. de l'entreten. de
fanté, chap. dernier) qui font trois for-
tes de vieillards: Les vns font de l'aage
de 50. ans, qui font encore gaillards, &
aptes pour les affaires ciuils. Les autres
de l'aage de 60. à 70. ans, qui ne font
gueres plus commodes pour lefdits affaires, ains ont pluftoft befoin de fe re-
pofer. Les derniers font les vieillars de-
crepites, qui font quafi fur le bord de
leur foffe. S'il entend des premiers, on
luy peut bien acorder de quelques vns,
& non pas de tous. S'il entend des autres, cela n'eft pas vrai-femblable: combien que la force des hommes en ce
temps ne fe peut pas fi iuftement limi-
ter par les ans, comme par l'habitude,
& complexion d'iceux : & y en a qui fe
monftrent, voire qui font plus vieux &
caffez à 50. ans, que d'autres à 60. fi eft-

ce qu'il les deuoit mieux diſtinguer.
Mais ceſte queſtió ne deuoit pas eſtre
ainſi propoſee au peuple: Car la plus-
part d'iceluy n'euſt iamais penſé aux
ruſes & deſloyautez, deſquelles il accuſe fort indignement les femmes, ſous
ombre de les defendre. Pourtant, que
tout ce chapitre auec pluſieurs autres
ſoit baillé à Vulean. Quiconque le voudra conſiderer ſans paſſion, ie m'aſſeure qu'il ſera de mon auis.

Au chapitre ſuyuant pourſuyuant ſa
matiere graſſe, ſe forge vn dire cómun,
que l'homme peut engédrer tant qu'il
peut leuer vn quarton de ſoun. Pour lequel confirmer, il employe ſemblablement des ſuppoſitions & paſſages, tant
de la ſaincte Eſcriture (deſquels la matiere eſt bien digne) que d'ailleurs, &
les obſeruations qu'il dit auoir faites
de cela. Il euſt mieux fait d'exhorter
ces bonnes gens de renoncer de bonne
heure à ces actes, qui les affoibliſſent
& enuieilliſſent de plus en plus, & par
conſequent acourciſſent leur vie: & de
s'ad-

s'addonner pluſtoſt à ſainctes medita-
tions, & prieres ordinaires, tant pour
eux & les leurs, que pour toute la Re-
publique.

Quant à l'autre queſtion de ce meſme chapitre pareillement forgee, Si
ceux qui ont les yeux enfôcez, ont eſté
engendrez d'vn vieillard. Premieremet
il dit que ce dire n'eſt pas aſſeuré: puis
dit qu'il eſt vray-ſemblable, que l'enfant pour eſtre nay d'vn vieillard, aura
les yeux plus enfoncez. Il ſemble qu'il
diſtingue auſſi mal ce poinct: car les
vns ont les yeux enfoncez, pource que
leurs parés, ſoyent ieunes, ou vieux (car
l'aage ne fait rien à cela, quelque choſe
qu'il en diſe) auſquels ils reſemblent,
les ont tels: les autres par maladie, deſquels n'eſt point ici queſtion: ains de la
ſimilitude naturelle qui ſe prend de la
generation & côformation. Mais tout
cela ne vaut pas la peine de s'y arreſter:
car ce ſont des inuentions & curioſi-
tez inutiles.

F iij

CHAP. VI.

De l'11.12, & 13. chapitre.

EN l'11. chapitre reprēd les femmes de ce qu'elles se baignent pour s'engroisser. Si c'est erreur, elle est feminine, & non populere. Mais qu'a-il affaire de se trauailler tant des mysteres des femmes? elles ne laisseront pas pour lui de les faire, quand bon leur semblera, quelque chose qu'il en sçache dire. Leurs bains ne sont pas aussi tant à reieter, comme il pourroit penser: car on les peut diuersifier en plusieurs façons, & accommoder comme l'on voit estre requis, pour corriger, moderer, & oster les causes empeschantes leur conception: tellement qu'encores qu'ils ne succedent pas touiours bien en toutes, si est-ce que le plus souuent, estans faits par bon conseil, (comme ils sont communeement) ils profitent. Pour leurs bains, à tout le moins, ne doiuent-elles pas estre ainsi iniuriees, qu'il les iniurie, veu mesmemēt qu'elles ne luy font

point

point de tort en se baignant, ni de dō-
mage, ains parauenture du profit. Parquoy pour reparation de ces iniures, ie
leur conseille de liurer ce chapitre auec
le precedent à Vulcan. Il en aura bon
marché s'il en eschape pour cela.

Au 12. chapitre il propose vne question medicale, & non erreur populere,
Assauoir-mon si vn ladre confirmé, ou
vn verolé peut engendrer des enfans
sains. Quant au ladre, il conclud que le
mortier sent touiours peu ou prou aux
aulx: pourtant, que leur alliance est dāgereuse. Quant aux verolez, qu'il est
possible que l'homme verolé, non pas à
24. carats, & qui tombe en pieces, mais
qui ne l'est qu'honnestement, engēdre
des enfans sains, au moins non verolez.
Ce seroit mieux fait de destourner de
se marier non seulement les ladres &
verolez, & tous ceux qui sont fort vicieux & mal complexionnez: mais aussi
tous goutteux, phthisiques, tabides, &
autres maleficiez & valetudinaires, tāt
pour l'entretenement & conseruation

de leurs forces & santé, que pour n'engendrer des enfans calamiteux & mise-
rables toute leur vie, & pluftoſt faſ-
cheux, que plaiſans, ou profitables au
monde. Car on voit tant par Hippocrate (au liure de l'air, eaux, & regiõs)
que par l'experience ordinaire, que les
peres & meres font leurs enfans auſſi
bien heritiers de leurs mauuaiſes diſ-
poſitions, comme des bonnes. Parquoi
pour euiter tous ces hazars & dangers,
le meilleur & le plus aſſeuré à telles gẽs
eſt ne ſe marier point. Et ne faut pas
tant flater les verolez, car on y eſt ſouuent trompé, quelque aſſeurance qu'il
en baille: & ſelõ la nature & cõplexion
des perſonnes, & le traittement qu'on
leur fait, elle eſt plus, ou moins dan-
gereuſe, & curable, ou incurable, tant y
a qu'elle eſt tou-iours ſuſpecte d'infe-
ction & de danger: & tels en cuident
eſtre bien guairis, qui ſe voyent en fin
par fois trompez.

Au 13. chapitre propoſe, s'il eſt poſ-
ſible qu'vne femme empoiſone l'homme par

me par l'acte Venerien. Il discourt longuement les moyens, par lesquels cela
se pourroit faire, & comment on peut
empoisonner. En fin, conclud que la
femme ne peut sans en prédre sa part,
qui ne sera pas la moindre, empoisonner vne homme par sa vulue. N'est-ce
pas vne belle erreur populere, & qui
merite d'estre diuulguee & proposee
au peuple?

CONTREDICTS

aux Erreurs populeres du troisieme liure, touchant la Groisse.

CHAP. I.

Du 1. 2. 3. & 4. chap.

AV premier chapitre il met ceste
question: Comment se peut faire que d'vne venrree la femme
porte neuf enfans. Et sur icelle
il a ramassé toutes les histoires & fa-

bles qu'il a peu trouuer, des plus ferti-
les, rares, & admirables ventrees des
femmes, tant de la sainte Escriture (cōme la matiere merite) que de plusieurs
aucteurs, & personnes qu'il allegue, de
la diuersité desdites ventrees: qui sont
les vnes de neuf enfans, & de 12. les autres de 36. d'autres de 150. & de 363.
Il adioute quelques obseruations qu'il
dit auoir faites de cela, d'vne mule qui
a fait vn poulin, & d'autres choses fort
rares concernantes ceste matiere. Toutes lesquelles choses il s'efforce monstrer par plusieurs suppositions estre
possibles & vray-semblables. Est ce vne
erreur populere, ou plustost vn recit de
choses rares, merueilleuses, & nō ouïes
du peuple, pour le faire rire, & le rauir
en admiration d'icelles?

Le 2. chapitre est du temps & de la
diuerse duree de la groisse, & du diuers
terme auquel la creature sort du ventre.
Et sur ce poinct il se monstre aussi co-
pieux en passages, tesmoignages, suppositions, & allegations, qu'au precedent

dent chapitre. Ces discours sont-ils erreurs populeres? Ne seroit-il pas mieux de les disputer aux escoles, que de les proposer ainsi au peuple?

Le 3. chapitre, s'il est erreur, elle n'est pas populere, ains medicale. car il veut môstrer en iceluy par quelques raisons qu'il n'est possible de connoitre par les vrines si vne femme est enceinte. S'il est ainsi, pour neant tant de doctes Medecins se sont trauaillez à nous descrire les vrines des femmes enceintes, comme ils les ont par longue obseruation & experience cônues. Les indices pris des vrines soit en cela, ou en autres choses, peuuent bien tromper ceux qui ne sont gueres exercez & experts en la connoissance d'icelles, ou qui en iugêt legierement: & non pas ceux qui y sont bien experts & attentifs. Ie sçay qu'il y en a qui l'ont par icelles plusieurs fois connu, & veritablement predit. Mais ceste matiere doit estre pareillement renuoyee aux escholes, & en icelles disputee, & non par deuers le peuple. Cô-

me auſſi la queſtion du 4. chapitre, S'il
y a certaine connoiſſance que le fruict
du ventre ſoit maſle, ou femelle : & s'il
y en a vn, ou deux: laquelle il cõclud en
fin qu'il n'y a gueres de certitude au
nombre des enfans, & moins en la diſ-
tinctiõ des ſexes. S'il eſt ainſi, de quoy
ſert-il donc d'en auoir rempli inutile-
ment le papier? Mais ie croy que s'il
n'y euſt eu quelque certitude, qu'Hippocrate, & autres doctes Medecins ne
fuſſent pas eſte ſi curieux d'en eſcrire
les ſignes & indices, cõme ils ont fait.

CHAP. II.

Du 5.6.7.8, & 9. chapitre.

AV 5. chapitre dit, que c'eſt vn grand
abus de mépriſer les maux qui vie-
nẽt à raiſon de la groiſſe. Où il me ſemble qu'il ſe trompe fort: car les femmes
communeement ne ſont pas ſi peu cu-
rieuſes de leurs perſones & de leur ſanté, comme auſſi ne le doiuent pas eſtre,
qu'elles ne cerchẽt volontiers tous les
reme-

remedes qui leur peuuent seruir: & sur
tout durant leur groisse , tant pour l'a-
mour de leur fruit, que d'elles-mesmes.
Pourtant n'estoit pas besoin qu'il se
trauaillast de cela. Ioint que chacun est
assez soigneux de soy-mesme, & le doit
estre beaucoup plus qu'aucun autre.
Quant aux Medecins , ils sont bien ai-
ses d'estre employez: & par ce tant s'en
faut qu'ils mesprisent aucuns maux,
que la plus part d'iceux s'efforce plustost de faire croire les petis estre grans
& dangereux.

Au 6. chapitre il met ceste question:
Pourquoy dit-on que qui refuse quelque chose à vne femme grosse , vn orgeol luy naist en l'œil : où il interprete
orgeol, vne petite tumeur en forme de
grain d'orge. C'est vne chose forgee à
plaisir, & qu'on ne voit point pour raison de cela auenir: & pource il n'en falloit point parler.

Le 7. chapitre contient vne pareille
question: Pourquoy conseille-on à la
femme grosse de mettre la main à son

derrier, si elle ne peut soudain estre sa-
tisfaite de son appetit. Et apres auoir
discouru sur icelle, conclud en fin qu'en
ceste opinion n'y a non plus d'obseruation
tion ou d'experience, que de raison:
ains ce n'est qu'vn dire commun sans
aucun fondement. C'est donc temps
perdu de s'y estre amusé.

Le 8. chapitre est des femmes qui
mangent force codignat durant leur
groisse, pour faire que l'enfant ait bon
esprit: & des raisins de passe, afin qu'il
ait meilleure veuë. Quant à l'vsage du
codignac, il le reiette : & approuue l'v-
sage desdits raisins: pource (dit-il) que
ils sont fort nourrissans, & que d'iceux
s'engendre vn sang louable, pur, & net.
Manger force codignac indiscretemét
n'est pas bon ni à femmes enceintes, ni
à autres personnes : mais ie ne trouue-
roye pas mauuais, ains plustost bon, si
elles en mangeoyét vn peu sur la fin de
leur repas : car il corrobore & fortifie
l'estomach par sa faculté astringente.

Touchant les passerilles, qui sont des
raisins

raisins dessechez , il n'en faut pas ainsi
determiner indistinctement : car selon
leur diuerse qualité, qui se connoist au
goust, ils ont diuerses facultez. Quant à
la nourriture qu'on a d'eux, Galen (au
2. liure de la fac. des alimens) dit que le
corps prendra telle qualité d'aliment
des passules, que leur nature & faculté
sera: assauoir doux des douces, & astrin-
gent des astringentes : & meslé entre
deux de celles qui aurôt semblablemêt
leur faculté meslee. Quant à la quantité, le corps prend plus de nourriture
des grasses & douces, & moins des astringentes & maigres. Ayans este desse-
chees, & apres pressees dans les caisses,
de quoy peuuent-elles estre tant nour-
rissantes qu'il dit, & engédrer tel sang,
veu que la plus grande partie d'icelles
n'est que peau, & pepins? Ie ne les reiete pas: car ie sçay qu'elles peuuent profiter en diuerses façons, selon leurs diuerses qualitez: & nuire aussi, si on n'en
vse ainsi qu'il faut. Les astringentes
font corroboratiues, & propres pour

reſtreindre : les douces, pour temperer
& deterger, ſelon Galen : les autres ont
leurs facultez conformes à leurs qualitez. Mais il n'en faut pas faire ſi grand
cas pour le regard de la nourriture : car
elles ſont pluſtoſt viande medicamen-
teuſe, que nourriſſante.

Le dernier chapitre contient ceſte
queſtion : S'il eſt vray que le premier
morceau que mange la femme enceinte, va à ſon enfant. Apres le diſcours de
laquelle, ayant monſtré cela eſtre fri-
uole, il conclud en fin que ce dire eſt
profitable aux femmes enceintes, qui
ſe plaiſent ſouuent en viandes mal-ſai-
nes : pource que par iceluy on leur con-
ſeille fort bien de commēcer au moins
par quelque bonne viāde. Et pour leur
perſuader mieux, on dit que le premier
morceau va à l'enfant. Il ne faut point
paiſtre les gens de menſonges, ni leur
perſuader choſes fauſſes, car c'eſt les
tromper. Il y a des moyens plus honne-
ſtes, & des raiſons plus pertinentes &
propres pour induire les femmes à vſer
de ma-

de maniere de viure conuenable,& fin-
gulierement durant leur groiffe. Et encores que le premier morceau fuft bõ,
que leur profiteroit-il, fi les autres a-
pres eftoyent mauuais? Car ils conuer-
tiroyent facilement en leur nature ce
premier dans le ventricule, où toutes
les viandes s'amaffent,& fe meffent enfemble.

CONTREDICTS

aux Erreurs populeres du 4.
liure,touchant l'enfantemét,
& la gefine.

CHAP. I.

Du 1.2,& 3.chapitre.

AV premier chapitre il forge en
fon efprit quelques vns qui efti-
ment que l'os du penil ou bar-
ré, qu'il appelle l'os-Bertran, fe
dilate & s'ouure à l'enfantement,& re-

H

fute ceste opinion. Mais il n'y a aucun
qui croye cela, & ores qu'il le creuft, ce
n'eft pas chofe fi preiudiciable, qu'il fe
faluft amufer à ce faict fi vain & inuti-
le, ioint que pour le croire il n'en eft ni
plus ni moins.

Au 2. chapitre fait ceste question:
S'il eft bon de faire affeoir la femme
fur le cul d'vn chauderon chaud: ou luy
metre fur le ventre le bonet de fon mari, pour auoir meilleure deliurance : &
quels font les meilleurs moyens d'ac-
coucher. Quant au chauderon, il le reiette: du bonnet, il en fait des contes
ioyeux: touchât les meilleurs remedes,
dit, que c'eft que le mari ait affaire a-
uec elle. Qui eft (quelque chofe que
l'Ariftote, & Haly en difent) contre l'o-
piniõ d'Hippocrate, & des doctes Medecins, & contre raifon. Car Hippocrate defend à la femme d'exercer les a-
ctes Veneriens, depuis qu'eftât enceinte, elle a defia fon ventre plein: afin, cõme il eft croyable, que par les mouue-
mens, esbranlemens, & agitations qui
fe font

se font en tels actes, les ligamens & at-
taches, qui retiennent la creature dans
la matrice, ne se laschent, s'esbranlent,
ou se rompent, & que l'auortemét s'en
ensuyue. Cela se doit encore moins faire quand l'enfant est grand, voire en sa
perfection, tant pource que la femme
lors de son enfantement est si tourmé-
tee de ses efforts & aspres douleurs,
qu'elle ne sçauroit auoir la commodité
de vaquer à cest acte, que à cause que
l'homme ne pourroit tant legerement
mettre son vétre sur celuy de la femme
si plein & si gros, qu'il ne pressast & af-
folast en quelque façõ la creature, em-
peschast & interrompist les efforts que
elle fait pour sortir hors. Bref, en quelque façon qu'il le vueille prendre, cela
ne se peut faire sans mettre en grand
danger la creature, & sans retarder l'enfantement. Mais que ne distingue-il
mieux les causes de la difficulté d'en-
fanter, qui sont diuerses? Car selon la
diuersité d'icelles, diuers remedes sont
tellemét requis, qu'il n'est possible que

H ij

celuy qu'il baille, & dit estre des meilleurs, puisse suffire à toutes. Voyla quãt
à ce poinct.

Quant à la situation de la femme en
son enfantement, si elle doit demeurer
debout, ou couchee au lict de trauail, il
en laisse le chois aux femmes, & à leur
experience. Ce qu'il ne faloit faire: car
cela gist plustost en la coniecture, con-
sideration, & prudence des Medecins,
que d'elles qui n'entendent pas le particulier naturel & force des femmes
enceintes, comme eux, ni les moyens
commodes ou incommodes pour leur
deliurance.

Au 3. chapitre dit, que les matrones
faillent grandement de n'appeler des
Medecins à l'enfantement, & aux autres maux particuliers des femmes: &
les sages femmes mesme doiuent estre
enseignees par les Medecins. Ceci repugne à ce qu'il vient de dire au chapitre precedent. Au surplus, il y a danger
que les sages femmes luy respondent,
qu'il presche trop pour sa bourse.

CHAP.

CHAP. II.

Du 4. chapitre.

LE 4. chapitre eſt de la coupe du nombril des enfans : c’eſt de faire bonne meſure aux maſles, & non aux filles: & commét il faut gouuerner la vedille : & ſi celle des filles ſert à leur faire des amoureux. Sur le premier point il enſeigne aux leuandieres quãd elles lient le nombril du masle, qu’elles le laiſſent bien long, ſans le tirer hors: pource (dit-il) que ſi elles le lient fort rais du ventre, la veſſie qui en depend par vn lien, en eſt plus retiree au dedãs, & le membre viril par conſequent en eſt raccourci. Au contraire, il ſert aux filles de tirer & lier fort pres de leur vétre : afin que la matrice, qui tient à la veſſie, en eſtant retiree, ait le col d’autant plus eſtroit, qu’il eſt plus allongé. C’eſt approuuer & confirmer l’erreur de quelques femmes, & non pas la refuter: car tout cela ſont côtes vains & friuoles, & ſans efficace, auſquels ne me

veux arrester, pource que ce faict gist
en l'Anatomie, & requiert oculere de-
monstration, & que la force & perfection du membre viril ne gist pas en la
longueur d'iceluy: car les plus longs ne
sont pas les plus habiles & adextres, ce
me semble. Il les admonneste apres de
lier le nombril ainsi qu'il faut: & que les
sages femmes le couchent communement contre la chair de l'enfant, dont
il endure grandes douleurs & tréchees
de ventre, & crie nuit & iour sans qu'on
s'auise de ce qui l'offense: C'est (dit-il)
ce qui péd du nombril qui leur fait mal
au ventre, de sa froideur: laquelle prouient de la mortification. Car comme
on a fort lié au dessus les veines & ar-
teres, la chaleur naturelle s'y esteint
peu à peu, iusques à ce que telle partie
soit du tout morte & noire. Lors elle est
froide extremement, & est sur le ventre
de l'enfant comme vn glaçon. Pour e-
uiter & preuenir ce mal, i'ordonne &
conseille que ceste pendille soit dés le
commencement, & iusques à la fin bien
enue-

enueloppee de coton,ou d'vn drapeau
mollet,tellement qu'elle ne puisse tou-
cher le ventre nud: & par ce moyen les
enfans demeurent plus paisibles. Qui
est vn certain signe (outre la susdite raison tres-apparente) que c'est la froideur glacee de ce pendant,qui leur fait
des tranchees. Voyla des erreurs en la
Medecine, & non populeres : Ce qui
monstre combien il est dangereux de
croire facilement à ce qu'on lit,& mesmement en la Medecine, sans l'auoir
premierement bien examiné. L'igno-
rance ou nonchalance des causes nous
fait tomber en opinions friuoles & dâ-
gereuses: comme en cest endroit, où
nostre aucteur cuide que ce nombril
pendillant soit si froid : & l'estant,qu'il
cause les tranchees des petis enfans.
Mais il semble qu'il se trompe & en la
connoissance de la cause,& de ses effets
& du remede mesme conuenable selon
la cause qu'il a imaginé. Car puis qu'il
a opinion que la cause des tranchees est
froideur glaciale,selon le cômun theo-

reme de Medecine, les cõtraires se doiuent gairir par leurs contraires. Pourtant, si cela est ainsi, elles se doiuent ga-
rir par eschauffement, & non par l'enuelopement qu'il enseigne. Mais tant
s'en faut que la cause de ces tranchees
soit ceste froideur glaciale qu'il cuide,
que ceste partie ne peut estre froide,
aumoins comme glaçon, ainsi qu'il dit,
ains est tousiours chaude. Car premierement entre les maladies des enfans
recentemét nais, Hippocrate met l'inflammation du nombril. Non sans cause (dit Galen, Aph. 24. du 3. liure) l'inflammation du nombril, vn peu apres
qu'on l'a coupé, suruient aux enfans,
tout ainsi que si quelque autre partie
du corps auoit este blessee ou coupee.
Çeste inflammation dure beaucoup, si
on n'y applique au commencement
quelques refrigeratifs & repercussifs,
comme lon doit faire, & s'augmente, &
tormente tant l'enfant, qu'en fin nature estát fort pressee, y enuoye les esprits
& le sang: qui est aussi attiré là, tant par
l'ex-

l'exceſſiue chaleur, que par la douleur.
A cauſe de quoy quelques enfans meu-
rent perdans le ſang par là.

Apres que ceſte inflammation eſt
mitigee, ainſi que ceſte petite partie ſe
corrompt, ne pouuant plus receuoir
nourriture & vie du corps, elle a touſ-
iours quelque chaleur putredinale (qui
ſe manifeſte aſſez par la fumee qu'on
en voit ſortir) laquelle chaleur la deſſe-
che & conſume peu à peu, tellement
qu'en fin elle ſe ſepare du corps. Et o-
res qu'elle ne s'en ſeparaſt ſi toſt qu'elle eſt ainſi deſſechee, ne ſçauroit eſtre
froide, au moins comme glaçon: pource qu'elle s'eſchauffe ordinairement
contre le ventre de l'enfant, qui eſt biẽ
chaud: car l'homme (ſelon Hippocrate) en ſes premiers iours eſt plus chaud
& en ſes derniers plus froid: & auſſi à
toutes heures qu'on eſchauffe l'enfant
aupres du feu: & enſemble par les en-
uelopemens & veſtemens d'iceluy. Parquoy tant s'en faut qu'en ceſte partie
y puiſſe auoir froideur glaciale, qu'au

I

contraire il y a tousiours quelque chaleur, au moins accidentale. Quant aux
effets, ores qu'il y euft telle froideur
qu'il dit, elle ne cauſeroit pas trâchees:
(car elles prouienent communement
des cauſes internes, & non externes)
ains pluſtoſt des friſſons, & concuſſiõs.

A ce qu'il dit que les enfans font plus
paiſibles apres l'enuelopement, ſi cela
auient quelques fois, ce n'eſt pas pour
ne les pouuoir apres refroidir, comme
il cuide, ains ou pource qu'ils font las
de crier, ou pource que l'inflammation
d'icelle partie ne penetre pas ſi toſt, &
n'enflambe pas ſi áprement l'exterieur
du ventre, comme feroit: toutefois ceſt
enuelopement n'empeſchera pas que
la froideur, ſi elle eſt telle qu'il dit, ne
penetre en icelle partie, & ne produiſe
en fin ſes effets, nonobſtant ledit enuelopement: non plus qu'il empeſcheroit
que l'ardeur de l'inflammation ne pe-
netraſt auſſi auſdites parties: & qu'en
fin pourſuyuant tout le corps, ne le ren-
diſt febricitant, comme elle fait com-
mune-

munement. Pourtant, ce remede n'eſt
ſuffiſant, ni propre. Il faut donc cercher
quelque autre cauſe de ces tranchees,
& autre conuenable remede ſelon icelle. Quant à la cauſe, la plus vray-ſembla
ble que ie puiſſe trouuer, eſt la diſten-
tion des parties internes du ventre : laquelle ſe peut faire quand les boyaux
& autres conduits & canals, encore biē
eſtroits, ſe dilatent & amplifient comme par force, pour donner paſſage à la
nourriture, qui ſe diſtribue plus ample
qu'auparauant, & meſmement aux ex-
cremés que Nature par la vertu expul-
trice commence de ietter hors. Ainſi
tels effors, par leſquels les canals internes dediez a cela, s'eſtendent aſpremēt
& quaſi ſe deſchirent, ſont les tranchees
du ventre qu'ils ſentent. Il y en a qui
diſent que ces tranchées leur vienent à
cauſe des ventoſitez, qui s'engendrent
du let qu'ils tetent. ce qui peut eſtre
auſſi, car le premier let, qui eſt clair &
aigueux, & non encores bien cuit, eſt
apte pour engendrer ventoſitez. Sur le

I ij

fin, dit que quelques femmes ont opinion que si on donne à manger, ou à
boire dudit nombril de quelque fille
mis en poudre à quelque homme qui
leur agree, qu'il deuiendra amoureux
d'elle, & la prendra pour femme.

Il reiete ceste erreur feminine: mais
il eust parauenture mieux fait de n'en
parler point du tout, veu que cela n'a
aucune efficace, côme il dit lui-mesme.

CHAP. III.

Du 5. 6. & 7. chapitre.

AV 5. chapitre propose, s'il est vray
qu'on puisse connoitre aux nœuds
des chordes de l'arriere-fais, combien
d'enfans aura la femme accouchee. Il
dit qu'on peut attribuer cela à Auicenne & à Rhasis, qui ont enseigné qu'autant qu'il y a de nœuds, rides & replis
en la veine vmbilicale, qui est comme
vne chorde, qui attache l'enfant à son
arriere-faix, autant fera la femme d'enfans: & s'il n'y a aucun nœud, n'en fera
plus.

Et si entre les nœuds y a grande distance, elle mettra aussi grãd interualle d'v-
ne groisse à l'autre : & si la distance est
petite, elle n'en mettra gueres. Et si les
nœuds sont noirs, ou rouges, qu'elle fera autant de masles: & s'ils sont blancs,
autant de filles. Mais (dit-il en fin) il n'y
a aucune apparence de verité en ceste
obseruation: ains toute la signification
qu'õ peut auoir de cela, est que la mul-
titude des nœuds, ou entortillemens
pres l'vn de l'autre, & de couleur rou-
ge ou noiratre, peuuent tesmoigner la
matrice estre robuste, & bien tempe-
ree & non baueuse : & qu'elle en pourra faire beaucoup d'autres. Non pas
qu'on puisse deuiner le nombre, car elle en pourra faire plus ou moins qu'il
n'y a de nœuds: & par mesme raison elle les hastera de pres, & ne sera gueres
en seiour, veu sa fecondité: & fera plus
de masles, que de femmes. Chacun voit
que ceci n'est pas erreur populere, ains
d'Auicenne, & Rhasis, ainsi qu'il dit. Et
l'ayant vne fois refutee, disant qu'il n'y

a aucune apparence de verité en ceste
obseruation, pourquoy la confirme-il
apres sous semblable sens?

Le 6. chapitre est des enfans qui
naissent vestus, s'ils sont plus heureux
que les autres:& si leur chemise preser-
ue de danger ceux qui en portent. Il
respond que ce propos est encore plus
inepte que le precedent, si on ne le préd
en sens mystique & secret: par lequel il
entend ceux qui naissent de riches parens, qui sont vestus des biens d'iceux
dés leur naissance. En fin dit qu'en cest
augure n'y a point de fondement solide: & moins en ce qu'on dit telle che-
mise, ou partie d'icelle, ~~empescher~~ *preserver* celuy qui la porte sur soy, de peril & de
danger. Ne falloit pas donc amuser le
lecteur à telles choses vaines & friuoles, & les proposer au peuple frustra-
toirement.

Le 7. chapitre est des Harpyies, que
on dit voler, & s'attacher aux cortines
du lit. Et sur la signification & tesmoignages de ces Harpyies, il fait de longs
                                discours:

discours: lesquels en fin tombent sur la masse de chair difforme, qui s'engendre en la matrice de la femme: Ce sont (dit-il) des moles ou amas, que les praticiens appellēt aussi harpyies, desquelles fait plusieurs recits. Apres conclud que c'est vn grand abus de croire qu'il y en ait qui volent propremēt comme harpyies, & s'aillent soudain attacher aux cortines du lit preparé pour l'acouchee. Et qu'il n'est pas vray semblable que les Praticiens, qui ont nommé ces masses de chair Harpyies, ayent pensé que ce soyent vrais animaux, & moins qu'ils ayent des ailes pour voler: mais seulement par comparaison à vne chose bien difforme: car aussi les Harpyies des Poëtes ne sont rien de vray, ains choses controuuees. Voyla vne grande subtilité & vtilité de ceste erreur harpyiale, & des gentils subiets fondez à plaisir: lesquels s'il veut poursuyure, il a bien de la matiere taillee pour long temps. Mais il fera mieux d'ensuyure le cōseil de Galen, qui dit que mettre son temps & eſtude en choſes indignes & ineptes, eſt abſurde & ridicule. Et vn peu apres dit, que les Lecteurs ſont malheureux, qui mettent leur temps à la lecture des choſes inutiles. Pour du-quel malheur les deſtourner, la charité Chreſtiene m'a contraint d'écrire mon auis touchant ces erreurs, & de les re-prendre, & contredire.

CHAP. IIII.

Du 8.9.10.11, & 12. chap.

AV 8. chapitre il propoſe s'il eſt vrai que la femme s'accouchant en pleine Lune fait vn fils, & en nouuelle vne fille. Il dit que plu-ſieurs tiennent ceſte opinion & l'aſſeu-rent, & diſent l'auoir obſerué, & qu'il n'y a point de faute. A quoy (dit il) ie ne contredi pas, ains acorde volontiers qu'ils n'ont iamais veu autrement aue-nir: mais ie di que cela ne rencõtre pas à toutes, non pas meſme à vne de celles que i'ay peu obſeruer. Par ces propos
ne ſe

ne se contredit-il pas ? Puis apres pour
faire apparoir que cela ne rencontre
pas à toutes, il fait premierement le recit des natiuitez de ses freres & sœurs,
sans oublier la sienne : en apres, de ses
fils & filles. C'est toute l'erreur de ce
chapitre.

Le 9. chapitre, est de l'huile d'alemã-
des douces auec du succre candi, qu'il
dit que quelques femmes boiuent si
tost qu'elles ont enfanté: & de la nourriture qu'on leur donne mal à propos.
Touchant l'huile, il dit que quand l'accouchee a grande alteration au gosier,
& aspreté, qui la réd enrouee, ledit huile est fort bon, & le succre candi, en a-
doucissant, humectant, & desalterant le
gousier, restituant la voix en son entier.
Si cela est bon, il n'est pas donc erreur.
Mais il me semble que lors cest huile
peut alterer plustost que desalterer. Il
y a beaucoup d'autres remedes plus
commodes à ces fins, que celuy-la. Vn
bon bouillon luy seroit bien plus profitable, que toute ceste droguerie. Quant

K

à la nourriture qu'il dit qu'ō baille mal
à propos, ie luy accorde de quelques vn-
nes, mais non pas de toutes.

Au 10. chapitre suyuant son propos,
remonstre qu'on nourrit trop les acou-
chées, disant que la matrice est vuide,
& qu'il la faut remplir : Si on a (dit-il)
mal commencé, on fait pis en continuant, ie ne di pas de nourrir, mais de
saouler & farcir à creuer les acouchees,
comme si on vouloit faire vn bodin de
leur ventre. Si quelques vnes en vsent
ainsi (ce qui n'est toutefois croyable)
il ne failloit pas pour cela blasmer toutes les acouchees en general, qui ne
sçauent, & ne font rien de ce qu'il les
accuse.

A l'11. chapitre propose s'il est vray
qu'vne acouchee puisse pisser le laict.
Et ayant vn peu discouru sur ce poinct,
conclud qu'il n'est pas absurde que la
femme pisse le laict, & s'efforce de
monstrer que cela peut auenir. S'il est
ainsi, pourquoy l'a il donc mis entre les
erreurs ? Mais combiē qu'il dise l'auoir

veu

veu souuent aduenir, toutefois ie ne le
trouue pas vray-semblable : ains plus-
toft contre la difpofition & ordre de
Nature, fi ce n'eft que par piffer le laict
on entende s'écouler des mameles, côme on l'en voit fortir à celles qui en
ont trop grande abondance, & s'écouler fouuent.

Le dernier chapitre contient cefte
queftion: Pourquoy eft-ce que du premier enfant communemét on a moins
de tranchees ? A laquelle refpond que
le fang groffier & bouëux, côme lie de
vin, lequel eft caufe de leurs tranchees,
penetre difficilement dans la matrice,
& la refroidit & enfle: & que de la premiere ventree la matrice eft moins laf-
che, qu'elle ne fera deformais en continuant de s'amplifier. Dont elle eft plus
fuiete à receuoir de l'air, & en eftre of-
fenfee:& que le fang va touiours en en-
groffiffant & épeffiffant, dont auffi il eft
plus difficile à verfer & fe vuider. Voilà
pourquoy du pmier enfant on a moins
de tranchees. Par ces propos côfeffant

ce dire commun eſtre veritable, il conꝫ
feſſe auſſi n'eſtre point erreur. Mais
i'en ay veu pluſieurs auoir des tráchees
aux premieres couches : & d'autres
n'en auoir aux premieres, ni aux autres
conſequutiues. Parquoy la diuerſité
des naturels, des manieres de viure, &
des regions fait qu'il n'y a regle certaine de cela.

Au ſurplus, la cauſe des tráchees des
acouchees n'eſt pas le ſang refroidiſ-
ſant & faiſant enfler la matrice, comme
il cuide, ains pluſtoſt la grande abondance & craſſitude d'iceluy, qui empeſ-
chent qu'il ne peut facilement couler,
& eſtant reietté par la faculté expultri-
ce, ſortir hors & eſtre euacué. Les opi-
lations auſſi, & l'eſtreciſſement des
conduits & paſſages par leſquels il doit
paſſer, peuuent cauſer leſdictes tranchees.

Quant au ſang qu'il dit s'engroſſir &
s'épeſſir touiours, il n'eſt pas vray-ſemblable: car s'il eſtoit ainſi, il ſe pourroit
en fin tant épeſſir, qu'il ne couleroit
plus

plus par les veines, ains demeureroit
immobile, & se rendroit solide : qui seroit cause que la distribution de l'aliment cesseroit, & consequemment les
autres actions de Nature.

CONTREDICTS

aux Erreurs populeres du cinquieme liure, touchant le laict, & la nourriture des enfans.

CHAP. I.

Du 1. chapitre.

CE premier chapitre contient v-
ne longue exhortation à toutes
meres de nourrir leurs enfans:
en laquelle il dit en somme que
c'est vne espece de folie aux femmes
d'auoir tant desiré des enfans, & les
ayant, s'en desfaire, les enuoyant aux
cháps, pour y estre nourris d'vne estran-

gere. Que les animaux sont plus raisonnables en ce que chacun nourrit ses petis, sans permetre qu'vn autre les nour-
risse. Que la nourriture fait beaucoup
à la complexion du corps: que les sages
les doiuent nourrir, afin de n'estre esti-
mees vicieuses, & indignes de tel hon-
neur. Que les ayant enfantez, si ne les
aletent, ne sont que demi-meres. En a-
pres, il les incite à cela par les diuers
plaisirs & passetemps, que les petis enfans baillét à leurs nourrices: & par les
gratuites, que quelques vns ont fait
plus grádes à leurs nourrices, qu'à leurs
propres meres. En fin, par les abus qui
se peuuent commettre en cela, comme
de supposer & changer les enfans à la
nourrice:leur bailler la verole, ou qu'ils
prenent les mauuaises complexions ou
vicieuses mœurs de leurs nourrices: ou
qu'elles les estouffent, n'en estans si a-
moureuses & soigneuses, comme sont
naturelement leurs propres meres.

Ie trouue fort bon que chacune mere nourrit ses enfans:mais il faut considerer

fiderer la diuerse nature, & condition
tant des meres, que des enfans, & la
commodité, & incommodité de tous
les deux:& non en faire ainsi vne regle
generale. Plutarque (au liur. Comment
on doit nourrir les enfans) exhorte biē
les meres de nourrir leurs enfans, & dit
qu'elles se doiuent efforcer de les allaiter, s'il est possible: mais que si ne le
peuuent faire, ou à cause de l'indisposition de leur personne (comme il peut
auenir) ou pource qu'elles ayent enuie
d'en auoir bien tost d'autres, à tout le
moins qu'elles ne prennent pas des
nourrisses à la volee, ains en choisis-
sent des meilleures qu'elles pourront
trouuer.

Chacun peut voir iournellement
qu'il y a des meres qui ne peuuent pas
allaiter leurs enfans, ou pource qu'elles
n'ont assez de laict: comme peut aduenir quand quelques femmeletes, ou de
simple qualité sont mariees auec quelque puissant homme, qui engendre volontiers des enfans qui luy ressemblēt,

& qui sont de grande vie & nourriture
comme luy.

Ou pource qu'elles ne pourroyent
supporter les ennuys, peines, & fasche-
ries qu'il y a en cela , sans se mettre en
danger de leur vie, comme quand l'enfant est criard, despiteux, & fascheux à
nourrir,& la mere est colere de sa nature, qui ne pourroit auoir la patience
requise pour nourrir,ainsi qu'il faut,vn
tel enfant: lors il vaut mieux tant pour
luy, que pour elle , le bailler à quelque
nourrice,qui soit moderee & patiente:
le laict d'icelle aussi luy sera plus propre pour sa nourriture, & plus commode pour mitiger la cholerique nature
de tel enfant , que ne seroit celuy de la
mere , qui luy entretiendroit. Toutesfois le naturel des enfans se prend pro-
premét des peres & meres, & non gueres du laict qu'ils peuuét suçer en deux
ans. Et quand on baille si grande force
à l'education de bien ou mal comple-
xionner les enfans,cela ne s'entend pas
tant des viãdes, que de l'institution en
disci-

discipline, & mœurs, & de la façon de viure qu'on leur enseigne: comme pouuons colliger de Plutarque, & de Quintilien, qui dit que la molle & delicate education, par laquelle on est trop indulgent aux enfans, gaste les forces du corps, & de l'esprit d'iceux.

On voit aussi quelques enfans ne profiter point, ains estre mal-sains, & maladifs, tandis qu'ils tetent du lait de leur propre mere: tellement que pour remedier à ces inconueniens, & obuier à plus grands dangers, il est requis, voire necessaire de leur bailler autre nourrice, qui ait le lait plus commode pour eux, que n'est celuy de leurs propres meres. Quelquefois aussi les meres ont des indispositions mauuaises & dangereuses, qui font qu'il n'est point expedient qu'elles allaittent leurs enfans. Voyla comment on doit prudemment considerer & distinguer toutes ces choses, & non assuiettir toutes meres indifferemment de nourrir leurs enfans. Elles peuuent choisir des nourrices voisi-

L

nes, ou des enuirons, ou qui demeurent
en la maison mesme, tellement que les
meres pourrôt prendre garde au traittement qu'elles leur feront, & donner
ordre à tout leur faict aussi bien para-
nenture, que si elles-mesmes les nour-
rissoyent.

CHAP. II.

Du 2. chapitre.

AV 2, chapitre il propose quand
est bon le laict d'vne femme accouchee, combien d'heures doit
estre l'éfant sans teter, & qu'est-
ce qu'on luy doit donner premieremét.
Quant au premier point, il dit que le
premier laict d'vne acouchee se fait du
sang vicieux & mal agreable à l'enfant,
dont il s'est touiours tenu plus loin de
la matrice: & pourtant qu'il est plustost
aux mamelles, comme il en estoit plus
voisin. Que de tel sang grossier & bou-
eux se fait le premier laict épez, trou-
ble, & cailleboté, appelé des Latins Colostre.

loftre : lequel a eſte eſtimé de toute an-
cienceté mauuais & tres pernicieux : de
ſorte qu'on l'a touiours defendu aux
enfans pour les deux premiers iours.
Car il leur cauſe indiſpoſition d'eſtomach, dite Coloſtration, tenuë pour
mortele.

Quant au ſecond, il dit que les enfans
ont l'eſtomach & les boyaux pleins de
vne humeur viſcueuſe & noirátre, qu'õ
appelle vulgairement Syroc, qui doit
vuider auant que l'enfant tette, ou au
moins eſtre hors de l'eſtomach : autrement corromperoit le laict que l'enfant ſucçeroit. Dont pour le haſter à
deſcendre & à ſe vuider, on dóne à l'enfant bien toſt apres qu'il eſt nay, les vns
de la Theriaque, ou du Mithridat la
groſſeur d'vne febue : les autres vne
cueilleree de miel roſat : les autres de
ſyrop violat: les autres vn peu de ſuccre
en poudre auec vne fueille d'or hachee
bien menu : les autres huile d'aleman-
des douces, auec ſuccre candi : ou vne
cueilleree de vin pur : ou des aulx ma-

chez, pour les y accouſtumer de bonne
heure, & faire qu'ils ſoyent moins ſu-
iets aux vers. Sur ce il conclud que le
miel roſat, ou le ſyrop violat ſont fort
bons & ſuffiſans à le faire vuider, & à
purger l'enfant de ceſte ordure. Voyci
pluſieurs erreurs, non pas populeres,
ains medicales. Touchant le premier
point, il ſemble qu'il eſt impoſſible que
le premier laict de l'acouchee ſoit fait
de tel ſang qu'il dit. Car eſtant ſi groſ-
ſier, ne pourroit monter aux tetins,
pource que le mouuement naturel des
choſſes groſſieres & peſantes eſt en bas,
& des menuës & legieres en haut. Et o-
res qu'il y peuſt monter, ne pourroit e-
ſtre conuerti en laict : car le laict & la ſemence ne ſe font que du pur & meilleur ſang. Mais il n'eſt pas beſoin de
s'arreſter à cela : car on voit aſſez que
nature apres l'enfantemét euacue tout
ce mauuais ſang par l'eſpace de pluſieurs iours. Elle n'eſt-ia ſi mal-ſage &
indiſcrete en ceſt endroit d'apreſter v-
ne nourriture ſi nuiſible pour gaſter du
pre-

premier coup, & faire mourir l'enfant.
On voit les tetins s'engroffir dés le troi
fieme ou quatrieme mois de la conception, lors que nature par fa prouiden-
ce commence d'y enuoyer de bon fang
pour eftre par la naturelle faculté d'i-
ceux conuerti en bon laiĉt, qui foit
tout preft pour allaitter la creature fi
toft qu'elle fera née. Et de faiĉt, auant
qu'elle forte du ventre, les mammelles
ont abondance de laiĉt, comme l'experience nous enfeigne. Si le laiĉt s'es-
coule abondamment des mamelles de
la femme enceinte (dit Hippocrate en
l'Aph. 52. du 5. liu.) cela fignifie que la
creature eft debile: & fi les tetins font
fermes & durs, c'eft figne qu'elle eft
puiffante. Galen fur ce lieu dit que la
caufe par laquelle le laiĉt s'en fort des
tetins, eft la grande abondance qu'il y
en a: laquelle prouient de ce que les
veines, qui ont communication auec la
matrice, font trop pleines, & s'emplif-
fent de plus en plus, quand la creature
qui eft dans la matrice, confume peu

de fang, n'en pouuant prendre & con-
fumer d'auantaige, à caufe de fa foi-
bleffe. En outre, aux tetins n'y peut
auoir tel laict cailleboté : car encores
qu'ils foyent rares & fpongieux, neantmoins ils n'ont point de cauitez, ef-
quelles tel laict puiffe eftre naturellement contenu : & s'il y eftoit, il n'en
pourroit fortir qu'on ne l'en tiraft par
force. Comme aduient quelques fois
que Nature leur enuoye en celles qui
font trop gaillardes, fi grande abondâ-
ce de fang, que ne pouuant tout eftre
conuerti en laict, caufe quelque phlegmon en iceux : durant l'ardeur & inflammation duquel, quelque quantité
de laict fe peut cuire & cailler, & fortir
hors auec le pus, quelques iours apres
que le phlegmon a efté percé : mais ce
n'eft pas à dire pourtant qu'il fuft en-
gendré de tel fang qu'il dit.

Quant aux obfcurs paffages de Pli-
ne, defquels il fait fi grand cas, en l'vn
efcriuant du laict, & d'où ne fe fait fromage, il dit (au liu.11.chap.41.) que
les

les Chameaux ont du laict iusques à ce
qu'ils sont de-rechef pleins : la vache
n'en a point, iusques à ce qu'elle a vuidé son ventre. Du premier tou-iours
apres que le ventre est vuidé, se font
Colostres : lesquels, si on n'y mesle de
l'eau, s'endurcissent comme pierre pon-
ce. Les Asnesses pleines ont continuel-
lement du lait. A leurs Asnons est mor-
tel, où il y a bon pasturage, deux iours
apres qu'ils sont nais, gouster du laict
de leur mere. Ceste espece de mal s'appelle *Colostratio.*

En l'autre traittant de l'vsage & obseruations du laict, & des fromages,
beurre, & graisse, dit (au vingt & hui-
tuieme liure, chapitre neufieme) qu'il
est pernicieux à celles qui nourrissent
de conceuoir : car ce sont ceux qui s'ap-
pellent Colostres, le laict estant espes-
si en forme de fromage. Or Colostre
est la premiere espesseur spongieuse du
laict, apres que le fruit est sorti du ventre. Ces passages ne font rien à ceci,
& ne voit-on point aduenir ni ce qu'il

escrit des nourrices, ni ce qu'il escrit
des Asnons. Mais laissant toutes ces
choses à part, la verité de ce faict est
telle, que les femmes le iour de leur ac-
couchement, sont communement tant
faschees, que la plus part ne peuuent,
& n'ont gueres commodité, d'allaitter
leurs enfans: pource qu'elles sont occu-
pees en d'autres choses concernantes
leur santé. Et aussi que leur laict, tant
s'en faut qu'il soit espez, ou cailleboté, comme il cuide, qu'au contraire il
est trop clair & aigueux, n'estant encores bien cuit & elaboré (comme Galen
tesmoigne, au comm. sur l'Aphorisme
vingt & quatrieme du troisieme liure)
ni gueres en suffisante quantité. D'a-
uantage le petit bout de la mamelle est
rebouché, & non bien appointé & preparé pour pouuoir estre aisément prins
& tiré du petit enfant. A cause de-
quoy les vnes accouchees se font premierement teter à quelques autres enfans, ou personnes robustes, qui puis-
sent faire ouurir les petis canals & con-

duits

duits par où le laict doit passer, & en
le succant & attirant à force, le faire
venir en plus grande abondance : &
par mesme moyen allonger le petit
bout rebouché de leurs mamelles : &
ainsi acheminer le laict au petit enfant. Ce qu'il n'eust peu facilement
faire, ayant les genciues encores mol-
les & foibles. Toutefois il y a bien
plusieurs accouchees qui font faire
tout cela à leurs enfans mesmes du
beau premier iour, lesquels ne s'en
trouuent point mal. Ce qu'il accorde
bien des pauures & des vilageoises, &
non pas des citoyenes : mais si ce premier laict estoit tel qu'il dit, assauoir
tres pernicieux, les vns ne pourroyent
pas gueres estre plus exempts de son
malefice, que les autres.

Touchant la premiere viande laquelle on doit bailler aux enfans, il
semble qu'il approuue toutes celles
qu'il a contees qu'on leur baille communement : & entre autres, le miel ro-

fat, & le ſyrop violat. Mais quant à
luy, qu'il leur baille du ſuccre, & de
l'or : car (dit-il) le ſuccre purge &
nettoye aſſez, & l'or eſt contre-venin:
dont on ſatisfait mieux à l'opinion
du vulguere.

Ie ne ſçay où c'eſt qu'il a trouué
que le ſuccre purge aſſez. Les douil-
lets & delicats qui ſe faſchent d'vſer
de purgations , pource qu'elles ne
ſont pas ſi douces ni ſi plaiſantes au
gouſt que le ſuccre, en ſeroyent fort
aiſes, & en vſeroyent plus volontiers.
S'il purgeoit aſſez , comme il dit, il
faudroit bien que ces Engoule-ſuc-
cre, qui ne peuuent manger aucune
viande , qui ne ſoit toute enſuccree,
& les Canariens, & Maderiens, qui
mettent du ſuccre parmi la farine,
quand ils font leur pain, tinſſent ordinairement leurs chauſſes deſtache-
es. Les femmes auſſi qui ſont briffe-
dragees, & meſmement quand c'eſt
aux d eſpens des autres , auroyent
bien

bien souuent la foire. Et ie ne sçay
non plus où est ce qu'il a trouué que
l'or est contre-venin. Si cela est ainsi,
il ne faut pas estre tant curieux de
cercher diuers antidotes, selon la diuersité des venins.

Mais d'où est ce que l'enfant ne
faisant que sortir de la matrice, & ne
ayant rien mis dedans son corps, au-
roit prins le venin? Ce sont des son-
ges. Et si les plus forts estomachs des
hommes ne peuuent cuire l'or, comment le cuira l'estomach si tendre &
foible du petit enfant, qui ne peut
porter aucune viande solide? I'en ay
veu mourir plusieurs, ausquels suyuant ceste superstitieuse opinion, on
auoit baillé quelqu'vn des medica-
mens sus-dits : & si n'ay iamais veu a-
uenir aucun inconuenient pour les a-
uoir mesprisez, & n'auoir vsé d'aucun
d'iceux. Croyons doncques ferme-
ment que la meilleure viande qu'on
puisse bailler à l'enfant recentement

né, est celle que Nature luy a prepa-
ree, assauoir le laict: lequel est lenitif,
& par sa substance aigueuse detersif,
comme Galen (au susdit commentai-
re) nous enseigne, tellement qu'il est
plus propre que le succre, ou autres
choses qu'il baille pour nettoyer l'e-
stomach & boyaux de toutes ces humeurs, & du Syroc qu'il imagine, sans
qu'il faille craindre qu'il se gaste en
l'estomach par ces excremens. Ains
au contraire, Iules Alexandrin fort
docte Medecin dit, que pour euiter
les Colostres, il faut donner à l'enfant du laict de sa propre mcre dés le
beau commencement. Parquoy, laissons toutes ces drogues qui ne leur
profitent aucunement, ains plustost
leur nuisent: & principalement la theriaque, le Mithridat, vin pur, & sur
tout, les aulx qui sont suffisans pour
les faire mourir. Laissons aussi le
miel, syrop, huile, succre, & l'or
pour le ventre de quelque Austruche,

ou

ou pluftoft pour autre meilleur vfa-
ge : & contentons-nous de ce propre
& familier rem:de, que la bonne mere Nature nous donne liberalement
tant pour nourriture, que pour les intentions fufdites.

CHAP. III.

Du 3 4. & 5. chapitre.

AV troifieme chapitre fait de
longs difcours , pour mon-
ftrer qu'vne pucelle peut a-
uoir du laict. Cela aduient
fort rarement, par les caufes qu'Hippocrate & Galen (Aphorif. 39. du 5.
liure) nous enfeignent:& n'eftoit pas
befoin qu'il les nous enfeignaft apres
eux,& mift cela entre fes erreurs, veu
qu'il ne l'eft point.

Au quatrieme chapitre il propofe
s'il y a certaine connoiffance du pu-
cellage d'vne fille. Duquel il recite
quelques indices incertains : & apres

met en auant quelques rapports de
sages femmes, contenans les signes
certains de cela, selon leur opinion.
Ces rapports ayans este mis entre les
mains de la Iustice, comme en vn san-
ctuaire, y doiuent estre retenus comme choses secrettes, & non estre ainsi diuulguees au peuple. Car cela
pourra inciter quelques indiscrets, &
qui auront la teste mal faite, s'ils entendent quelque mauuais bruict de
leurs fiancees, de faire rechercher
par toutes les marques en ces rapports contenuës, si ce qu'ils auront
entendu d'elles, est vray, ou non.
Parquoy ie conseille aux filles à marier, de faire vn present de tout ce
grand chapitre à Vulcan, ensem-
ble auec les autres qui luy ont este
dediez, afin qu'il n'en soit plus me-
moire.

Au cinquieme chapitre, s'efforce
de rendre raison d'où vient le consen-
tement des mamelles & de la matrice,

ee, qu'on voit si euident. N'est-ce
pas honte de mettre cela entre les erreurs populeres? Hippocrate, Galen,
Gorræus, & autres bons aucteurs ont
assez bien & amplement traitté ceste
matiere auāt luy, & le peuple n'a que
faire de cela.

CHAP. IIII.

Du 6. chapitre.

AV sixieme chapitre met ceste
question: Pourquoy est-ce que
le laict de celle qui a fait vn
fils, est meilleur à nourrir vne
fille: & au contraire. Et dit que c'est
vne obseruation des femmes de Mon-
pellier receuë de main en main: laquelle il ne refute point comme erreur, ains s'efforce de la prouuer. Le
fondement de sa preuue est, que le
laict de celle qui a porté vn fils, est
moins chaud que le laict de celle qui
a fait vne fille: & que la fille a besoin

d’vn laict moins chaud. Ce qu’il
prouue, disant que tous corps bien
complexionnez doiuent estre main-
tenus en leur complexion. & que tout
entretien se fait par choses de semblable qualité, & qu’il faut penser le
semblable de la creature qui est au
ventre: tellement que si c’est vn masle, d’autant que sa complexion naturelle est plus chaude, il appette & at-
tire du sang qui luy est concedé, la
portion plus approchante de sa complexion. Semblablement la fille, qui
est naturellement plus froide, se de-
lecte, & par consequent s’entretient
de la partie du sang moins chaude,
que celle du fils. De quoy s’ensuit que
apres l’enfantement au sang qui re-
ste, & s’en va aux mammelles pour e-
stre conuerti en laict, il y a plus de
portions froides, quand ce a esté vn
fils : & plus de chaudes, quand ce a
este vne fille. Car telles portions,
comme moins respondantes à la nature

ture de l'enfant, ont este laissees en
arriere & mesprisees, tant qu'il a trouué matiere qui luy reuenoit mieux.
Dont il s'ensuit que le laict qui est
fait des restes d'vn fils, est moins
chaud, que des restes d'vne fille. Par
ainsi le laict de celle qui a fait vn fils,
conuiendra mieux à vne fille, d'autant
qu'il est moins chaud : & la naturelle
complexion de la fille requiert (pour
y estre conseruee selon la condition
du sexe) semblable nourriture : & le
fils sera mieux nourri du laict de celle
qui a faite vne fille. Ceci est directement repugnant au premier chapitre
de ce liure, quelques subterfuges ou
eschappatoires qu'il ait, & quelque
condition qu'il mette : & voulant defendre vne opinion des femmes, comme il dit, il introduit plusieurs erreurs
en la Medecine. Pour lesquelles voir,
il faut entendre que le masle s'engendre de la semence plus vigoureuse, à
cause de quoi il peut estre plus chaud

N

que la femelle: toutefois leur temperament eſt communement ſi peu dif-
ferant, tandis qu'ils ſont dans la matrice, qu'on ne les peut gueres diſtinguer par manifeſte difference. Ie ne
veux pas dire que ſi le temperament
des peres & meres differe beaucoup,
que celuy des enfans ne puiſſe auſſi
differer, entant que les fils reſſemblét
le plus ſouuent leurs peres, & les filles leurs meres. Comme ſi vn puiſſant
homme eſtoit marié auec vne fem-
melete, ils pourroyent engendrer des
maſles, qui ſeroyent plus robuſtes &
plus chauds, que les filles qu'ils en-
gendreroyent reſſemblantes la mere.
S'il aduient auſſi qu'vn morfondu, ou
aagé ſoit marié auec vne puiſſante &
ieune femme, il pourra auenir le contraire. Et meſmes il y a des robuſtes
filles, qui ſont plus chaudes & ver-
tueuſes, que les maſles engendrez de
parens imbecilles & effeminez. Mais
pour bien determiner de cela, il faut
ſup-

poſer les maſles & femelles engendrez de parens non gueres differens
en force & vertu. En ceſte ſorte il n'y
a point d'inconuenient de conſtituer
le maſle & la femelle, tandis ſeulemét
qu'ils ſont dans le ventre , de ſemblable temperament , & non different
pour le regard du ſexe. Mais pour
fuïr ceſte diſpute, donnons-luy ce que
il veut, aſſauoir, que le maſle , tandis
qu'il eſt dans la matrice , ou abſoluë-
mét, ainſi qu'il voudra, ſoit plus chaud
que la femelle, il ne s'enſuit pas pourtant que le laict de celle qui a porté
vn fils, ſoit moins chaud, que de celle
qui a porté vne fille : ains pluſtoſt le
contraire. Car le laict enſuit le temperament du ſang du-quel il eſt fait.
Or ce temperament ne ſe change pas
tellement par la conception, que ſi elle a conceu vn maſle , ſon ſang en de-
uiene pour cela plus chaud: & ſi elle a
conceu vne femelle, plus froid : ou au
contraire. Parquoy il n'y a point de

N ij

lieu de dire, que le laict qui est fait
du sang d'icelle qui a porté vn fils, soit
plus froid, que celuy qui est fait du
sang d'icelle qui a porté vne fille, pour
ce regard. Et c'est contre l'opinion
de tous les Pratticiens, de laquelle il
fait mention sur la fin: car voulans du
laict plus froid, ils prenent le laict de
celle qui nourrit vne fille.

Il luy semble qu'il prouue bien ce
fait, disant que le masle estant plus
chaud, a attiré les parties plus chaudes du sang, tellement que celles qui
restent, sont plus froides: & la femelle
au contraire. Mais ceux qui entendent l'œconomie de Nature, voyent
bien qu'en cela n'y a point d'apparence. Car en la masse du sang tempe-
ree (comme elle doit estre, tant pour
nourrir la creature dans la matrice,
que pour estre conuertie en laict) les
quatre humeurs sont meslees ensem-
ble selon leur naturelle proportion:
tellement que les chaudes sont si bien
ioin-

iointes & mixtionees auec les autres,
qu'elles n'en peuuent eftre feparees,
finon proportionnellement enfemble
auec les autres froides, feches, & hu-
mides. Et fi les parties chaudes du
corps attirent pour leur nourriture
des portiós de fang, qui leur font plus
femblables & conformes: les froides
auffi (la quantité defquelles n'eft pas
moindre, ains plus grande que des
chaudes) attirent pareillement des
portions froides d'icelle maffe, tellement que la proportion des humeurs
en icelle demeure tou-iours, pour ce
regard, en fon entier. Ce qui ne feroit pas, fi fon dire eftoit veritable:
ains les parties chaudes de cefte maffe eftans peu à peu oftees, elle de-
uiendroit intemperee, voire tellement qu'elle ne feroit plus fang, ains
corruption d'humeurs, eftant defti-
tué de fa chaleur naturelle qui le viui-
fie & entretient.

Il amene vne autre preuue de la

couleur & consistence du laict, disant
que le laict de celle qui a porté vne
fille, est roussatre, clair, & ichoreux ou
sereux, comme la virulence excremée,
bilieux & chaud : de celle qui a porté
vn fils, le laict est plus blanc, & espez,
signifiant la chaleur y estre moindre
de beaucoup. Mais toute ceste preuue est contre luy, & l'interpretation
qu'il fait des signes de chaleur & de
froideur repugne du tout aux theoremes de Philosophie, & de Medecine,
tellement que le contraire de ce qu'il
en dit, sous sa correction, est veritable. Il se deuoit souuenir d'auoir dit
auparauant, (au 2. liure, chapitre 8.)
que quand la semence est bien cuite
& elaboree, elle est espesse, gluante, &
pleine d'esprits : & iuger de mesmes
du laict : car tous deux sont faits du
sang par la chaleur naturelle, ensem-
ble par la faculté des parties à ce de-
stinees. Les choses qui se cuisent (dit
Aristote au 4. des Meteo. chap. 2.) de-
uien-

uiennent neceſſairement plus eſpeſſes, & plus chaudes, que celles qui ne
ſont encores paruenues à leur concoction : car la chaleur rend les choſes
plus chaudes & ſeches, beaucoup plus
eſpeſſes & maſſiues, & cela eſt concoction. La crudité eſt vne imperfectiõ
de cela, qui prouient du defaut de la
propre chaleur, aſſauoir de la froideur. Et vn peu apres dit que les ſucs
des choſes crues, ſont menus & ſub-
tils, & plus froids que chauds.

S'il ne ſe contente de ces paſſages,
& pluſieurs autres ſemblables qu'il
trouuera là, qu'il conſidere les ſignes
qu'Hippocrate (au premier liure des
Prog.) baille du pus & bouë qui ſort
des apoſtemes, quãd elle eſt biẽ cuite
& l'interpretation de Galen ſur cela,
& il entendra que quãd la chaleur naturelle domine en l'alteratiõ du ſang,
le tranſmuant en ce pus & bouë, que
lors eſt blanche, & eſpeſſe. Il faut
ſemblablement iuger de la couleur

& consistence du laict.

Ce qu'il dit de la virulence (qui differe de ladite bouë en ce que la virulence n'est si espesse, ni si cuite) repugne aussi ausdits theoremes. Car ia-
çoit que Guy de Cauliac en face deux
especes, assauoir chaude & froide:
toutesfois il faut plustost croire à la
raison, & à l'experience, & estimer
que toute virulence est plustost froide, que chaude : pource qu'on y voit
les signes de crudité prouenante de
froidure, plustost que de coction, qui
prouient de chaleur. D'auantaige,
elle n'est point excrement bilieux,
ainsi qu'il dit, ains sereux & pituiteux
qui sont les signes de crudité: lesquels
aussi il baille au laict de celle qui s'est
accouchee d'vne fille, disant qu'il est
roussastre, clair, & ichoreux ou sereux:
& les contraires à celle qui s'est accouchee d'vn masle, disant qu'il est
plus blanc, & espez. Il est donc par
consequent plus chaud que l'autre, &
non

plus froid, comme il asseure. Voyla
en quelles absurditez tombent ceux
qui s'esgarent de la doctrine des An-
ciens, receuë & approuuee par tant
de siecles.

CHAP. V.

Du 7.8.9.10, & 11. chapitre.

AV septieme chapitre raconte
la superstitieuse opinion des
femmes, qui pensent les mamelles tarir à celles de qui on
chauffe le laict. Apres auoir refuté
ceste opinion, il s'esbat à l'interpre-
ter en deux ou trois façons, amusant
les Lecteurs en choses inutiles.

Au huitieme chapitre, dit qu'il ne
faut endurcir les tetins, pour euiter
les tendrieres. Où il interprete tendrieres les fendilleures qui viennent
au bout des mamelles:pour lesquelles
euiter, quelques femmes vsent d'eau
& d'alum,comme il raconte, ou d'au-

tes choſes ſemblables pour l'endurcir, cuidât par cela empeſcher le mal.
Il aduertit telles femmes que cela diſ-
poſe le bout de leur mamelle à pis a-
uoir: & pourtât qu'elles feront mieux
d'vſer quelque mois auât s'acoucher,
de cire neuue remolie auec de l'huile
doux: ou pluſtoſt le greſſer ſouuent de
lard frais. Mais ce ſeroit parauenture le meilleur & plus aſſeuré, de n'y
appliquer aucun remede, ains le laiſſer, pour ce regard-la, en ſon naturel,
s'il n'y vient aucun mal qui preſſe.

   Le neufieme chapitre eſt, de muer
l'enfant à toute heure qu'il eſt ord, &
s'il doit auoir certaines heures à tetter. Quant au premier poinct, il conclud que les meres, & nourriſſes er
general ne doiuent pleindre leur peine à netoyer les enfans autant de fois
qu'ils ſeront ſales & de nuit & de iour.
Touchant l'autre, il remonſtre qu'il y
a diuers naturels d'enfans, tellement
qu'il eſt fort mal-aiſé d'aſſigner cer-

taines

taines heures pour les allaiter: & femble qu'il vaut mieux que l'enfant n'ait point d'heures certaines & limitees, ains que la nourriffe luy prefente la mamelle à toutes heures: car s'il en a befoin, il tettera: finon, s'en abftiendra.

Quant à moy, ie feroye d'auis qu'on ne luy prefentaft point la tetine fi fouuent: car ces petis enfans font cõmunement goulus, & tetent par trop, ains feulement lors qu'on verra fignes manifeftes qu'il a faim, fans autremẽt le conuier & inciter à tetter à toutes heures, comme il dit. Et ayant vne fois laiffé la tetine, qu'on ne luy prefente plus pour ce coup, comme font communement les nourriffes, qui les prouoquent à tetter quatre ou cinq fois l'vne aprés l'autre confequutiuemẽt & par ce moyen font fi fort remplir leurs petis ventricules, qu'ils font aprés contraints de vomir le laict. Ils en pourront bien tetter vne fois ce

qu'ils en auront raisonnablement besoin, sans les y faire retourner si souuent.

Au dixieme chapitre il reiette l'o-
pinion de ceux qui trouuent bon que
les enfans crient & pleurent. Mais ie
pense qu'il n'y en a pas de si inhu-
mains, qui prennent plaisir à les voir
ainsi tourméter, ains que chacun s'efforce de les alleger & appaiser le plus
tost qu'il peut, tant pour l'amour
d'eux, que pour se garder d'auoir la
teste rompue de leur piteuse crierie:
combien que le crier & pleurer mo-
deré, & non excessif, leur est par fois
profitable.

A l'onzieme chapitre propose qui
doit plus longuement teter, vn fils, ou
vne fille: & combien chacun. Sur quoy
dit que les femmes de Montpellier
tiennent que les filles doiuent tetter
moins de temps que les fils: & qu'elles en ont assez de dixhuit mois: les
fils de vingt & quatre. Et apres longs
discours

diſcours ſur cela, il conclud qu'il n'y a
pas danger que le fils tette aſſez long
temps, & qu'il le faudroit encore plus,
ſi le laict eſtoit du tout ſelon ſa complexion. Semblablement, la fille qui
tette le laict de ſa mere plus chaud &
ſec, eſt aucunement offenſee en ſa
complexion, & peut eſtre tellement
altereee de peu à peu, que ſon cors ne
croiſtra ſi auant qu'il feroit, en vſant
du laict ſemblable. Parquoy il vaut
mieux qu'on la ſeure pluſtoſt. Il fon-
de ſon auis ſur la fauſſe, o correction,
& monſtrueuſe opinion, touchant la
difference du laict des acouchees en
chaleur & froideur: laquelle i'ay refutee au chapitre precedent. Reietons-
la donc à bonne & iuſte occaſion, cōme fort preiudiciable, ainſi qu'ō peut
voir en ceſt endroit ici, & en beaucoup d'autres.

SI les opuſcules qui ſont à la fin,
comme l'arriere garde, eſtoyent tous

directement sous le nom dudit Iou-
bert, ie les eusse pareillement recher-
chez: mais veu qu'il a supposé vn ba-
chelier en Medecine, ie les laisse pour
ceux qui se sentiront prouoquez de
ce faire, & plus interessez que moi,
ausquels i'ay aussi laissé, pour euiter prolixité, assez de matierẽ
par tout le volume, qui à bon
droict peut semblable-
ment estre reprin-
se, reiettee, &
contre-
dite.

✻